【高职院校思想政治工作协同育人成果】

高职院校大学生事务服务研究与实践

——以成都航空职业技术学院为例

陈玉华　张　霓　邹　勇 / 编著

西南交通大学出版社
·成都·

图书在版编目（CIP）数据

高职院校大学生事务服务研究与实践 ：以成都航空职业技术学院为例 / 陈玉华，张霓，邹勇编著. —成都：西南交通大学出版社，2020.12

高职院校思想政治工作协同育人成果

ISBN 978-7-5643-6660-5

Ⅰ. ①高… Ⅱ. ①陈… ②张… ③邹… Ⅲ. ①高等职业教育 – 大学生 – 学生工作 – 研究 Ⅳ. ①G715

中国版本图书馆 CIP 数据核字（2018）第 290803 号

高职院校思想政治工作协同育人成果

Gaozhi Yuanxiao Daxuesheng Shiwu Fuwu Yanjiu yu Shijian

高职院校大学生事务服务研究与实践

——以成都航空职业技术学院为例

陈玉华　张　霓　邹　勇　编著

责任编辑	罗小红
助理编辑	何宝华
封面设计	墨创文化
出版发行	西南交通大学出版社 （四川省成都市金牛区二环路北一段 111 号 西南交通大学创新大厦 21 楼）
发行部电话	028-87600564　028-87600533
邮政编码	610031
网址	http://www.xnjdcbs.com
印刷	成都勤德印务有限公司
成品尺寸	170 mm × 230 mm
印张	12.5
字数	206 千
版次	2020 年 12 月第 1 版
印次	2020 年 12 月第 1 次
书号	ISBN 978-7-5643-6660-5
定价	88.00 元

【编委会】

>>>>【 前 言 】

改革开放以来，特别是伴随高等教育大众化的深入推进，我国的高等职业教育得到了突飞猛进的发展。截至2018年年底，全国高等职业院校达到1418所，超过2663所普通高等学校数量的50%，年招生和毕业生人数占高校招生和毕业生总数的40%以上，高等职业教育作为高等教育的一个类型，已经成为我国高等教育事业的重要部分。当前我国正在面临经济转型升级，进入了一个深化改革加快开放的新阶段，针对我国特色新型工业化、信息化、城镇化、农业现代化的发展，建设创新型国家的总体部署，教育强国的新要求，面对中国特色社会主义建设历史性地进入新时代的新形势，高职院校必须要直面新形势、新要求、新挑战，使求学者掌握某一专业领域必备的基础理论和专门知识、具备某一特定职业或职业群所需的实际能力，并使其树立正确的政治意识，成为全面发展的社会主义事业建设者和接班人。为此，高职院校的思想政治教育工作必须要与时俱进、守正出新，“因事而化、因时而进、因势而新”。

在概念上，思想政治工作是一定的阶级和政治集团，为实现既定的政治目标，有目的地对人们施加意识形态上的影响，以转变人们的思想并指导人们行动的社会行为。思想政治工作对象是人，思想政治工作是以教育人、培养人为基本立足点和根本出发点的，这就决定了高职院校的思想政治工作必须紧紧围绕学生成长、关照学生需求、服务学生发展，促进学生不断提高政治觉悟、思想水平、道德水准、文化素养和综合素质，努力使学生成为德能兼修、全面发展的高素质技术技能人才。这既是思想政治工作把立德树人作为中心环节、把育人为本作为根本要求的具体体现，也是思想政治工作促进人的全面发展的价值所在。

作为全国第一批高职学院、首批国家级示范性高职院校，成都航空职业技术学院在学习借鉴国内外高校思想政治工作模式的基础上，遵循思想政治工作规律，遵循学生成长规律，遵循高职教育规律，针对高职教育学生特点，结合学校20年高职教育办学实际，积极探究协同育人路径，大力加强思想政治工作，创新探索了高职大学生思想政治工作“1235A”协同育人模式。“1”即“一体”：围绕立德树人目标，践行“育人为本、德育为先、创新服务、促进发展”理念，以涵盖思想水平、政治水平、道德水准内容的思想政治素质教育为主体；“2”即“两翼”：以大学生文化素质教育和学生事务服务为两翼；“3”即“三全育人”策略：全员育人与队伍建设、全程育人与课内外活动、全方位育人与养成教育；“5”即架构日常思想政治教育工作“五个工程”：政治铸魂工程、思想导航工程、道德引领工程、文化陶冶工程和服务发展工程；“A”即创新实施大学生思想政治工作“十育”（十六进制之十，隐喻思政为首、德育为先）：整合育人要素，发挥课程、实践、文化、网络、心理、科研、资助、服务、管理、组织十个方面工作的育人功能，完善育人机制，形成了具有高职教育特点、航空职业教育特色的协同育人模式。

在高职大学生思想政治工作“1235A”协同育人模式中，“一体两翼”的主体是涵盖思想水平、政治水平、道德水准内容的思想政治素质教育；“两翼”中的“一翼”是非学术性教育活动的学生事务服务，也即高职院校中，通过指导、规范和服务学生的成长过程，促进高职大学生全面、协调、可持续发展的教育服务和教育发展活动，这既是广义思想政治工作的重要组成部分，也是思想政治教育的重要内容。

事实上，伴随我国高校在校学生人数的急剧增长和信息技术的高速发展，传统的高校学生事务管理已无法有效地满足在校大学生的现实需求。因此我国本科院校的学生事务工作大多已从学生事务管理转型为学生事务服务，效仿西方高校的做法，成立了学生“一站式服务”机构，专注于除学术性教育活动之外的学生事务服务。

作为高等教育重要组成部分的高等职业院校，由于其大多是从中等职业学校升格而来，其学生事务工作大多传承于传统中等职业教育“学生管理”的模式。高职院校如何在生源市场和就业市场的激烈竞争中获得竞争优势？除了加强内涵建设、彰显办学特色，还应更多考虑怎么去服务学生（以学生为本），创新具有高职教育特色的学生事务服务模式，建立具有高职院校特点的学生事务服务机制。

本着“一切为了学生、为了一切学生、为了学生一切”，以学生为本和服务学生成长与发展的宗旨，成都航空职业技术学院在高职大学生事务与发展服务方面进行了积极的研究和实践探索：基于成都航空职业技术学院学生事务服务工作的实践探索，成功申报四川省省级哲学社会科学重点研究基地、四川省高等职业教育人文社会科学重点研究基地——四川省高等职业教育研究中心省级重点课题“高职院校学生事务服务的机制研究与实践”（课题编号：GZY14A03）；遵循“源于实践、高于实践、指导实践”的原则，创新开展高职院校学生事务服务的理论研究、比较研究、模式研究、机制研究；针对高职院校大学生事务服务的特点并以成都航空职业技术学院学生事务服务工作的实际应用为例，开展实证性研究工作，为高职院校学生事务工作的开展进行了创新性的探索，架构了独特的模式，在有效践行以学生为本、服务学生成长与发展的宗旨的同时，为高职院校思想政治工作协同育人提供了可资借鉴的典型经验和实证资料。

随着经济社会和职业高等教育的发展，高职院校学生事务管理与服务工作的改革创新，必将成为提高管理效率和服务质量并体现人性化的重要途径，必将呈现出学生工作由教育管理向提供优质教育服务发展的趋势，必将逐渐成为高职院校组织制度变革、资源重新整合、管理体系向治理体系提升、管理能力向治理能力完善的选择，也必将对服务学生成长、促进学生发展产生具有里程碑意义的影响。

编　者

2019 年 9 月 29 日

>>>>>【 目 录 】

【 第1章 】>>>>

研究概况

一、项目研究的目的和意义

截至 2018 年年底，我国高等学校数量达到 2663 所（含独立学院 265 所），高等教育在学规模达到 3833 万人，毛入学率达到 48.1%，人数居世界第一，占世界高等教育总规模的 20%。其中，高等职业院校达到 1418 所，超过普通高等学校数量的 50%；年招生和毕业生人数占高校招生和毕业生总数的 40%以上。高等职业教育作为高等教育的一个类型，已经成为我国高等教育事业的重要部分。以培养大学专科层次的高素质技术技能人才为根本任务的高职院校，如何在生源市场和就业市场的激烈竞争中获得比较竞争优势，除了大力加强以专业为龙头的内涵建设、努力打造和彰显以学术（专业技术技能）为主要特征的办学特色，还应更多地研究和实践如何才能更好地服务学生（以学生为本），创新具有高职特色的学生事务管理模式，建立健全高职院校学生事务服务的有效机制。这既是科学发展观对高等职业院校学生事务服务管理工作改革的必然趋势和客观要求，也是中国特色社会主义新时代对以学生为本的教育理念的深刻理解和践行。

（一）项目研究的意义

1. 学生工作一直是国内外高校人才培养的重要工作

在国外，学生工作是以学生事务性工作呈现的，而且一直是高校人才培养过程中的重要工作。在我国高等教育一百多年的发展历程中，并无学生事务服务的概念和传统。虽然学生教育管理一直是贯穿我国高等教育教学和人才培养的一条主线，但是，传统的学生管理几乎等同于管束学生（教育学生、管理学生），这成为影响我国高等教育发展，制约大学生创新发展、全面发展的瓶颈。因此，需要开展促进学生健康发展的学生事务服务研究和实践探索。

2. 适应现代教育管理的现实需要和发展趋势

随着高等教育面临的外部环境的变化、系统内部的分化以及高校内部治理结构和治理能力改革的不断深化，高校学生工作在理念层面、内容层面和时空层面都发生了较大变化。学生工作的理念从“管理学生”转变为“服务学生全面发展”；学生工作的目标从满足社会需要拓展为满足学生成长成才、个性化发展的需要。学生工作的内容由传统的对学生的教育管理扩展为集教育、管理与服务学生为一体，解决学生思想问题与解决学生实际问题并重，高职教育强调“学校教育对接终身教育”，学生工作的领域从线下拓宽到线上线下、从具体的一项项工作到除了学术事务之外的大学生活方方面面。学生工作的手段随着数字技术和网络技术的发展不断丰富；学生工作者的定位也从政治辅导员拓展为服务学生全面成长成才的指导者和引路人。利用网络信息管理平台开展学生教育、管理与服务，培养一支职业化、专业化的学生工作者队伍也已成为高校学生工作的新趋势。

3. 有别于狭义学生思想政治教育工作的“学生事务”有着全新的丰富内涵

20 世纪初的西方，“学生事务”逐渐从学生学术事务中分离出来，形成了相对独立的概念和内涵。在国外，一般认为“学术事务”涉及学生的专业学习、课程教学、认知发展等，而“学生事务”则与课外生活、学生活动、住宿、感情或个性发展等问题有关。鉴于此，在开展中国特色高校学生事务服务研究与实践过程中，需要在学习借鉴国外学生事务服务理论与实践的基础上，结合我国国情和时代特色，界定我国高校学生事务的概念、内涵和基本要素等。

4. 为高校学生提供事务服务是高校的性质所决定的

在国务院办公厅转发国家统计局关于建立第三产业统计的报告的通知中，“为提高科学文化水平和居民素质服务的部门，包括教育、文化、广播电视事业，科学研究事业，卫生、体育和社会福利事业等”属于第三产业“服务部门”中的第三层次。在国务院《中国教育改革与发展纲要》中，明确提出了教育属于第三产业即属于服务产业范畴；特别是涵盖高等职业教育的各级各类高等教育属于非义务教育，对受教育者实行缴费上学。因此，学生在学校里是以“消费者”身份出现的，并消费“教育产品”。学校为学生提供的涵盖学术事务和学生事务的教育服务的优劣与多少，决定了学生增加知识技术等智商能力，合作能力、团队精神、职业态度和情绪控制等情商能力以及不断地积累个体人力资本的程度；也是学生发展自我、寻求符合自身能力素质的岗位和职业以实现自己投资学校教育的合理回报。

5. 为高职学生提供有效事务服务是转变学生管理工作理念的需要

伴随高等教育大众化应运而生的我国的高等职业教育，为我国高等教育大众化发展做出重要贡献，助力我国高等教育进入了后大众化阶段的历史进程。高等职业教育作为高等教育的一种类型和重要组成部分，高职院校作为一线技术技能生产者的孵化机构，已经成为经济社会发展的动力和核心。在此背景下，发展于中等职业学校、成人高校的高职院校，必须转变中职学校“严格”、成人高校“粗放”的学生管理工作观念，与时俱进、立德树人，坚持育人为本、服务为要，实现从对学生进行管理向为学生提供服务的转变、从被动服务向主动服务的转变。

6. 学习借鉴，创新高职院校学生事务服务机制

2002年11月英国高校联盟首次提出了“一站式服务”工作理念。“一站式服务”就是把学生当作“客户”，将分散于校园的各个学生教育管理和服务职能部门有机整合，基于有效服务，实施一体化办公，简化办事流程。近年来，国外高校均普遍成立了“学生事务服务中心”，在为学生提供学生事务“一站式服务”的同时，也使其成为校园内学生的集散中心。我国的本科院校学习借鉴西方高校做法，大多成立了学生“一站式”服务机构，从事除学术事务外的学生事务服务，并开启了由学生事务管理向学生事务服务的转型。但这种模式并未在高职院校得到很好的推广应用（高职院校大多建立于1998—2016年），高职院校需要学习借鉴国内外学生事务服务新理念、新思路、新方法，探索具有高职特色的学生事务服务工作模式，建立学生事务服务的有效机制，在高职院校学生事务服务的流程化、系统化、规范化方面进行有益尝试。

7. 与时俱进，赋予高职院校学生事务服务时代内涵

伴随高职教育和高职院校的快速发展，单纯的学生事务服务已经向学生发展服务演进。以互联网为核心的信息技术突飞猛进，教育+互联网或者互联网+教育已经成为各级各类教育改革发展的必然趋势。因此，在高职院校学生事务服务的研究与实践中，我们需要赋予其传统事务服务+网络信息服务、学生事务+学生发展等与时俱进的时代内涵。

（二）本研究针对的问题

1. 在人才培养上重视社会和学校的需要，忽视学生的个体性和主体性

现实中的学生事务管理主要是以满足社会和学校的现实需要为重点，而并非如何适应和满足学生的发展需要。在学生事务管理目标上，过分强调增强学生的社会适应性，注重学生就业要求的动手能力，在一定程度上忽视、淡化、掩盖或压抑了学生的个体发展需要。对学生而言，当前我国高职院校学生事务管理中不同程度上存在的“管治”做法，使学校的管理成为一种强制行为。管理者并未充分考虑学生的个体需要，使学生产生受压制的心理障碍，学生心理上对管理产生了强烈的排斥感，这不仅让学生不能接受学校的管理方式，影响管理的效果，还会影响他们的健康成长。以服务为宗旨、以就业为导向的高职教育，其学生事务管理模式和内容的确定基于社会和学校发展的需要，并对学生提出相应的要求；但是，要使管理获得成功，就必须使社会和学校的发展需要与学生的个体性主体发展需要相一致。社会和学校发展需要的实现，最终体现在学生发展需要的满足上，没有学生积极主动的参与，没有学生个体性主体发展需要的满足，管理目标的实现只能是一句空话。

2. 高校学生事务服务方法存在不足

（1）服务方法趋同化、机械化，缺少人文关怀

在长期的实践中，一方面我国高校学生事务管理中不乏一些行之有效的方法，另一方面，实际应用的管理方法仍趋于“整齐划一”——各高校通过制定各种规章制度进行事务管理，用统一的目标、标准和程序来要求学生，强调一个声音、一个步调，追求一种风格，忽视了大学生主体受教育的客观差异性，对个体学生缺少人文关怀。

（2）管理方法以我为主，缺乏服务意识

受传统管理的影响，我国高校学生事务管理中“以我为主”的现象比较明显，主要表现是：在服务过程中注重等级观念，强调教师的权威性，对学生进行“包揽式”的行政化管理；在管理活动中，管理者采取一种“独断式”的单向活动，倾向于使学生无条件地服从教育和要求。学生工作者作为管理人员，更应该是学生服务的提供者，把学生当成自己的服务对象，尊重学生对管理方法的不同意见，并通过一些小事情、小细节，让学生感受到关怀以及良苦用心。

3. 学生事务服务工作人员队伍专业化不够

（1）缺乏职业化的人员聘任制度

目前在一线学生工作人员的聘任上，有以下几种模式：一是以专职辅导员为主、兼职辅导员为辅；二是年轻专任教师承担辅导员工作，即“双肩挑”；三是招聘非大思政专业、教育学或学生工作相关专业的人员来从事管理工作。相当数量的学生工作人员并不具备有关学科背景，没有经过专业培训或培训不规范，这无论对学生工作本身还是对学生工作对象，都会产生不利影响。

（2）缺乏系统的培训体系

虽然目前已有“职业咨询师”“心理咨询师”等职业资格培训，也有不少针对辅导员的专题培训，但辅导员参加的培训多是因为工作学校的安排以及个人兴趣爱好和承担事务工作的需要，并未实现真正意义上的体系化和系统化。而且，目前已有的相关培训内容并不系统，培训模式也比较单一。

（3）学生工作人员管理体系和奖惩机制有待健全

目前，高职院校一线学生工作人员的人事权在二级院系，而学校学生工作部门统筹负责学生管理工作（管理权），并对专职学生工作人员（专职辅导员）进行宏观管理。这种管理体系，往往容易导致对学生工作人员的工作考核缺乏科学的判断，工作绩效的考核不够合理，奖惩机制也不够健全，致使一些学生事务管理者对从事学生工作缺少归属感。

4. 指挥链层级多，信息传递不够通畅

（1）院系学生工作人员对院系负责还是对职能部门负责，存在定位模糊问题

一方面，作为第一线接触学生的辅导员（班主任），院系学生工作人员扮演着“多面手”的角色：作为二级院系直接管辖的人员，所承担的学生工作要对本学院（系）负责。同时，他们还承担着学校学生工作部、校团委等学生工作职能部门布置的工作任务，甚至还必须承担学校其他职能部门（如教务部门、招生就业部门、后勤部门、安全保卫部门、宣传部门等）交办的工作，只要是与学生相关的事情，终究会落在辅导员（班主任）的身上。这种工作模式使得从事具体工作的学生工作人员感到工作头绪多且职责界限不清。另一方面，这些工作人员的人事权在二级院系，这形成学校管事不管人的局面，致使这些人员在学生工作中不可避免地会出现角色冲突、考核激励不到位等现象。

（2）多层级关系使得信息传递不畅、执行效率降低

目前高校学生工作信息的传递一般需要经过：学校领导、校级学生工作部门、二级院系、辅导员（班主任）、班干部才能最终传达到每位学生。随着学生事务内涵的丰富、外延的拓宽以及信息量的增加，这样的信息传递链条会导致信息滞后、传递失真等问题。在信息的反馈过程中，同样要反向经历这样的链条，使得很多有价值的一手信息流失。这种传统的多层级结构，会导致对学生需求反应速度迟缓、工作效率低下；同时，还会使组织运行成本增加、延迟学生工作专业化

的进程等。

二、项目研究的内容

为创新探索高职院校学生事务服务的模式和机制，我们以省级重点课题“高职院校学生事务服务的机制研究与实践”（课题编号：GZY14A03）为牵引，组成课题组进行理论研究和实践探索：从国内外高校学生事务服务的比较研究入手，基于对高校学生事务服务与学生工作概念分析，通过对国内外高校学生事务服务的理念、组织结构、工作模式、服务内容、工作者队伍建设等方面的比较分析，高校学生事务的概念、内涵、基本要素和典型工作模式的分析研究以及高职院校学生事务服务的运行机制和工作制度等方面的理论研究、比较研究和实证研究，为改革创新我国高校学生事务服务工作提出对策和建议；以成都航空职业技术学院（以下简称成都航院）学生事务服务为例，在实践中创新、在创新中求索，边研究、边改革、边实践，对高职院校学生事务服务进行系统研究和总体设计，形成适应国内高职院校学生事务服务的整体架构，满足高职学生成长成才多方面发展的需要。

（一）理论研究

从国外高校学生事务服务着手，对我国高校学生事务的概念、内涵、基本要素和指导思想以及学生事务的典型工作模式及其特点进行深入系统的理论研究。

（二）模式研究

依据调查研究、理论研究和比较研究，结合成都航院学生事务服务工作实际，在三个层面进行探索和创新实践：

1. 理念层面

按照统筹、协调、指导和服务的原则，探索从教育管理向教育服务、由学生事务管理向学生事务服务的转型，在学生思想政治教育、行为规范教育、成长成才服务三个方面进行观念转变。

2. 管理层面

厘清工作思路，理顺管理机构，建立健全系列工作制度，保障学生事务服务中心成为与学生“面对面”“心连心”的窗口，为学生的大学学习生活与职业生涯发展提供服务和帮助。

3. 应用层面

基于成都航院的实践，以实证研究的方法创新探索高职院校学生事务服务的有效工作模式、工作形式、工作内容、工作机制、工作绩效评价等。

（三）机制研究

针对高职院校文化特质、培养目标特点和学生特性，研究基于学生事务服务整体解决方案的高职院校学生事务服务相关机制及其在学校内部形成的有机关联，建立高职院校学生事务服务的整体机制，借此形成对其他高校具有借鉴和推广意义的机制。

三、项目研究的指导思想

高校学生事务服务实证研究的指导思想，既是“办什么样的大学”“培养什么样的人才”和“如何培养人才”等高等教育顶层设计的核心问题，也是经济社会发展的客观反映，还是高等教育改革的内在要求。正确的指导思想对高校学生事务有着特别重要的引领作用。高校学生事务的指导思想不仅回答了为什么要有学生事务工作，而且回答了以何种方式开展这些工作。

当前，“服务”已是现代学生工作的指导方针。国际标准化组织（ISO9004-2）对“服务”的定义是：服务是为了满足顾客需要，供方和顾客之间接触活动以及供方内部活动所产生的结果。在现代汉语词典中，“服务”一词的定义是：“为集体（或他人的）利益或为某种事业而工作”。可见，对“服务”的理解至少应包括对象、需求、活动、满足感、价值等要素。首先，服务产生于对象的需求，它应具有针对性。其次，服务体现为满足接受服务对象需求的活动，是一种在意服务对象“感受”的活动。最后，服务具备的这种利他价值使服务成为连续、不间断的回应和改进的过程，也即服务总是围绕其对象而进行的。虽然对于“服务”的定义多种多样、莫衷一是，但其中有一个共同点，即服务是为了服务对象利益而进行的某种行为方式。通俗地理解，服务就是为服务对象利益最大化而进行的所有活动。学校教育服务研究的理论基点和学生事务服务工作的价值取向也在于此。服务型学生工作模式应能够依托开放的学生服务平台，最大限度地满足学生的不同需求，将解决学生的思想问题和实际问题相结合；其服务平台内容的设计也应以学生的实际需求为指向，尽可能地为学生的全面发展创造条件。

研究认为，以美国为代表的国外高校学生事务管理的指导思想主要有理性主义、新人道主义、实用主义和存在主义。在这些思想的指导下，对应发展出了学生管理模式、学生服务模式、面向学生发展的服务模式和学生发展模式。我国高校学生工作的指导思想，受以“德治、礼治、人治”为核心的儒家思想、以“法治”为核心的法治主义思想、以“无为”为核心的自然主义思想等传统哲学思想以及崇尚实效的实用主义哲学思想为主流的近现代哲学思想的影响，逐渐发展形成了以马克思主义“人的全面发展观”为哲学指导的现代学生工作指导思想，即坚持以学生为本，为高校的办学目标服务，为学生的成长成才服务，为学生的德、智、体、美、劳全面发展服务。我国高校学生工作先后发展出了教育管理主导、管理主导、管理服务主导以及多种导向相结合的学生事务工作模式。

四、项目研究的方法和过程

（一）研究方法

1. 访谈与问卷调查

访谈。通过与学生一对一访谈、小组会谈、座谈等方式了解高职学生的需求，抓住高职学生的多元化发展要求及思想心理特点，以学生的实际需要为出发点，加强研究工作的针对性。

问卷调查。制作相应的调查问卷，以两种形式呈现给调查者：第一种纸质调查问卷，仅在学校学生中选取调查样本；第二种电子调查问卷，将其投放到网络平台（学校网站、微博、微信公众平台），在网络平台中选取调查样本。

2. 实地考察

课题组成员实地考察浙江省 4 所国家示范高职院校——宁波职业技术学院、浙江金融职业学院、浙江机电职业技术学院、温州职业技术学院，以及四川省的成都大学、四川旅游学院（原四川烹饪高等专科学校）、四川建筑职业技术学院、成都工业学院（原成都电子机械高等专科学校）、成都纺织高等专科学校 5 所高校，深入了解其在学生事务服务工作中的经验与做法，调查分析高职教育中学生事务服务的规律和特点，为顺利开展研究奠定了基础。

3. 比较研究

对国内外高校、本科院校与高职高专院校中学生事务的概念和内涵以及发展史进行系统梳理，基于高校学生事务服务与学生工作概念分析，对国内外高校学生事务服务的理念、组织结构、工作模式、服务内容、服务者队伍建设等方面进行比较，研究其普遍规律、共性和差异性，为改革创新我国高校学生事务服务工作提出对策和建议。

4. 实证研究

将理论研究与实践探索有机结合，在成都航院学生事务服务中心进行试点，改变中心工作模式，厘清工作思路，修订相关制度和章程，向实践要成果，将研究与实践对接，并将研究成果付诸实践，验证其可操作性和推广应用性。

（二）研究过程

第一阶段，项目立项到 2015 年 2 月。对课题研究内容进行分工，分别开展资料收集和文献研究，并从理论层面厘清学生事务的概念与内涵、基本要素与指导思想。对国内外高校学生事务服务的理念、组织结构、工作模式、服务内容、工作队伍等方面进行比较研究。撰写相关研究论文。

第二阶段，2015 年 3—9 月。根据学生事务的概念与内涵，国内外高校学生事务的比较研究，深入推进基于高职院校学生事务服务整体解决方案的服务理念、组织架构、制度设计、管理运行、考核评价等机制的研究以及典型工作模式的研究。采用多种方式进行涵盖地方本专科院校、省外高职高专院校的调研，为深入推进研究奠定基础。撰写至少一篇研究论文，并根据学生事务涉及的范畴与工作，结合以成都航院为典型案例的高职院校实际，分析归纳高职院校学生事务项目。据不完全统计，高职院校典型学生事务项目至少包含以下 119 项，如下表所示。

表 1-1 高职院校典型学生事务项目列表

奖学金	学生综合素质测评	其他	在校生保险办理
	学生综合素质测评成绩打印		在校生保险报销
	国家奖学金名额分配		在校生户籍转移
	国家奖学金评比		学生证办理
	国家奖学金资料审核报送		学生证挂失
	国家奖学金证书发放		学生火车票优惠卡办理
	国家励志奖学金名额分配		学生火车票优惠卡充值
	国家励志奖学金评比		学生政审办理
	国家励志奖学金资料审核报送		学生安保事件处理
	国家励志奖学金证书发放		学生车辆出入证办理
	学校奖学金名额分配		学生征兵入伍政策介绍
	学校外来赞助奖学金名额分配		学生征兵入伍
	学校奖学金评比		学生征兵入伍学费返还
	学校奖学金资料审核		学生新团员发展
	学校奖学金经费发放		学生团组织关系转接
	学校奖学金证书发放		学生团员证办理
	学生校外竞赛获奖奖励评比		学生团员证挂失
	学生校外竞赛获奖奖励审核		学生团员团费收取
	学生校外竞赛获奖奖励经费发放		学生团员注册
	学生校外竞赛获奖奖励证书发放		学生团员推优入党
	优秀学生表彰		学生会相关事宜
助学金	学校助学金名额分配		社团联合会相关事宜
	学校助学金评比		学生活动场地协调安排
	学校助学金审核		学生活动器材管理使用
	学校助学金经费发放		学生志愿者服务队管理

续表

助学金	特殊困难学生扶持金报送	其他	学生素质拓展组织实施
	特殊困难学生扶持金认定		学生新生干部培训
	特殊困难学生扶持金发放		学生等级考试报名
	特殊困难学生临时补助报送		学生等级考试成绩查询
	特殊困难学生临时补助认定		学生课堂考勤查询
	特殊困难学生临时补助发放		学生课堂考勤修改
勤工俭学	勤工俭学岗位发放		学生历史成绩查询
	勤工俭学岗位申请		学生课表查询
	勤工俭学学生工时报送		学生教材发放
	勤工俭学学生工时审核		学生补考报名
	勤工俭学学生工时核算		学生重修报名
	勤工俭学学生工资发放		毕业生图像采集
	监督勤工俭学学生工作		学生就业指导
	协调学生和用工单位矛盾纠纷		学生在校相关培训
	维护勤工俭学学生合法权益		学生讲座信息审核
	临时性勤工俭学岗位申请		学生就业推荐
	勤工俭学学生相关资料收取		学生创业指导
资助贷款	学校贫困生认定		学生创业培训
	生源地助学贷款回执单收取		学生校园一卡通办理
	生源地助学贷款信息录取		学生校园一卡通挂失
	校园贷款申请		学生校园一卡通充值
	助学贷款还款 POS 机		学生校园一卡通注销
	助学贷款诚信还款承诺		学生校园一卡通信息修改
	助学贷款续贷申请		学生寝室开网服务
	助学贷款学生鉴定表		学生寝室网络故障服务

续表

资助贷款	毕业生助学贷款毕业确认	其他	学生寝室电器故障服务
	助学贷款征信记录		学生寝室物品报修
	助学贷款诚信还款教育		学生寝室饮用水服务
	助学贷款相关政策咨询		学生寝室用电量服务
其他	毕业生离校手续"一站式"办理		学生物品盥洗服务
	学生遗失物品认领		学生参加活动证明
	新生入学报道二维码打印		学生校医院就医证明
	新生报到手续"一站式"办理		学生在校体检服务
	新生报到指引服务		学生心理咨询
	新生入学家长接待休息		学生心理干预
			学生相关个人信息录入
			学生相关个人信息修改
			给予学生处分
			学生处分申诉
			学生处分撤销

第三阶段，2015年10—12月（最迟2016年3月），课题研究成果汇总与结题。完成2篇以上论文，其中核心期刊1篇；汇总相关制度文件成册；修订完善相关学生事务工作流程；撰写课题研究报告和结题报告；结题。

（二）相关会议纪要

"高职院校学生事务服务中心的机制研究与实践"课题组

第一次研讨会议纪要

时　间：2014年11月7日星期五 9:00

地　点：成都航院德胜楼贵宾接待室

主持人：陈玉华

出席人：张　霓　曹　鼎　杨湘伶　罗　琳　叶法林

记录人：陈雅真

一、课题组组长陈玉华作阶段性工作安排

1. 课题组成员分工

张霓、曹鼎、杨湘伶负责学生事务服务中心机制研究，罗琳、陈雅真负责对国内与国外高校进行比较研究。所有成员要做好信息收集与信息共享工作。

2. 研究对象与载体

明确研究对象是否足够（10所左右），初步确定深度研究样本为：本科院校1～2所，高职院校2～3所，兼顾发达与欠发达地区。

前期的研究涉足面比较浅，主要是“模仿”，涉及如下问题：

（1）网上搜索并确定典型“样本”学校；

（2）确定分析研究的“域”和具体内容；

（3）调整并选择确定适切的研究方法；

（4）在研究的过程中侧重研究的重点与难点；

（5）问题导向：研究可能的突破与创新。

3. 假期的主要工作

（1）研究10所左右高校的学生事务服务中心的特点及有效性，分析其在哪些方面具有可借鉴性、可复制性。

（2）结合学校的层次、规模、学生特点等研究学生事务服务中心的职能，分析学生事务涉及的内容，学生事务服务中心所能履行的职责范围。

4. 本着“基于实践，高于实践，指导实践”的原则开展研究工作，切忌为了研究而研究，使研究成为空中楼阁，使理想与现实脱节。

二、课题组成员发言

叶法林：因为长期做教务工作的便利，我负责查阅已有文献，了解国内外学生事务服务中心的先进理念与做法，做好信息的收集与整理工作。

罗　琳：计划利用假期查阅网站，从各高校网站上了解该校的做法，包括中心的制度、章程、运作模式等。与课题组成员一起走访、考察几所已经拥有学生事务服务中心的省内高校，深入了解这些学校成立的事务中心是不是一个空壳，其办事流程是不是具有有效的可操作性。

曹　鼎：我和杨湘伶主要着眼于对事务服务进行“机制”研究，各自去发现和总结出一些规律性的东西，在假期结束后再在一起交流分享自己的发现，把有益的东西组合在一起，再结合我们高职院校的特色，最后形成一种独具高职院校学生事务服务特色的新机制。

张　霓：作为我们学校事务服务中心的指导老师，我们学校的事务服务中心是一个典型案例，我将主要研究如下问题：

（1）为什么我们的中心不被学生所关注？

（2）我们目前所能的提供的软硬件条件存在哪些不足？

（3）在开展学生服务过程中出现了什么问题？

（4）目前的学生服务已经取得了什么样的效果？

（5）从学生服务中收获的体会与反思。

我们基于上述问题，力求找出解决问题的办法，最后与学生事务服务中心团队成员一起共同研讨、改进和不断完善，形成改进的、可操作的工作方案。

“高职院校学生事务服务中心的机制研究与实践”课题组第二次研讨会议纪要

时　间：2015 年 3 月 13 日星期五 14：30

地　点：成都航院德胜楼 1 号会议室

主持人：陈玉华

出席人：张　霓　曹　鼎　杨湘伶　罗　琳　叶法林

记录人：陈雅真

一、课题组组长陈玉华作阶段性工作小结与下一步工作安排

1. 经过成员在前期的共同努力，目前已掌握了一定数量与质量的支撑材料，成员们在信息收集与信息共享这方面做了大量的工作，但数据与材料主要是以罗列方式呈现，研究样本之间的比较与分析做得不够深入。

2.《国内外高校学生事务服务的比较研究与启示》论文初稿还需要厘清以下几个问题：

（1）“学生事务服务”与“学生工作”这两个概念的定义与内涵；

（2）着力进行工作理念、工作模式、工作队伍这三方面的比较研究；

（3）有什么样的创新性启示？这些启示是否能落实到操作层面？

3. 在接下来进行的机制研究中，应关注以下几个方面的机制研究：

（1）学校层面的引导机制；

（2）有效运行的组织架构机制；

（3）相对健全的制度保障机制；

（4）“一站式”服务的条件提供机制；

（5）落实有效服务的运行机制等。

在进行具体研究之前，要先梳理一下高职院校的学生事务涉及哪些机制，最后，重点是要落到“服务模式”这个中心上来。

4. 拟安排课题组成员前往江浙地区的高职院校进行专题考察调研，以期达到开阔我们的研究视野、拓宽服务机制的目的，让服务育人与全面育人理念不再是一个口号，而是真正能有效地服务于学生、方便学生，能够落到实践层面，卓有成效地践行我们的服务工作理念和理想追求。

二、课题组成员发言

罗　琳：目前在做比较研究时我有一些疑问。第一，西方国家与我国的政体与教育管理体制大不一样，无法将其先进的经验机械地用到我国的高校中来。第二，现有的学生工作繁杂、压力巨大，以至于影响工

作队伍对工作的认同感，不能产生归属感，实际工作中的热情与创新性会比较缺乏。另外，从事学生事务服务的学生团队其学业课程过多，故这类属于社会服务与社会实践的第二课堂没办法使他们投入太多精力。

陈雅真：我们将依据已有的研究成果，重新修订我们学校事务服务中心的制度、章程、办法等。修订过程中，将通过召开学生座谈会、发放问卷、个体访谈、与课题组同事讨论等方式，最终形成一系列比较完善的新制度，并尽力做到相关的制度全面、细致、切实可行，实际工作中，能够使教师与学生有章可循、焕发活力——即让制度管人（参与服务的教师和学生）、让流程管事（按章办事）。

张　霓：在开展机制研究过程中，我们要围绕“以生为本、服务为要”的服务理念并将其贯穿于整个工作中。如何“内化于心、外化于行”，如何将机制落地、落细、落实，能经得起实践检验，这是我们要解决的主要问题。

成都航院大学生事务服务专题学生座谈会议纪要

时　间：2015 年 3 月 26 日星期四 14：00

地　点：成都航院后勤商务区学生事务服务中心 211 室

主持人：张　霓

出席人：陈玉华　刘宏延　王　戎　李　军　尹成鑫　邓　军

参会学生：各系学生代表约 50 名

记录人：陈雅真

一、本次座谈会上学生提出的问题（汇总）

1. 学生事务服务中心所在整栋楼油烟味重，走到一楼就不愿意上楼了。

2. 建议可以做宣传手册或者宣传单。

3. 希望可以在网上咨询具体怎么办理事务。

4. 是否可以“一站式”办理所有想要办理的事情？

5. 可以装修一下“学生事务服务中心”，使其显得更温馨，能让更多同学愿意来。

6. 学生事务服务中心有哪些部门可以提供服务？

7. 是否可以进行心理和感情方面的咨询？

8. 能否通过电话或者网络咨询？有心理问题的同学大都不好意思当面咨询。

9. 应该扩大服务中心的影响力。建议：通过学生口口相传；办事流程张贴在外墙；建立系与系之间沟通的渠道。

10. 可以招募更多志愿者(有意愿帮助别人)加入帮助同学的队伍。

11. 购买一些毛巾、鸡毛掸子、纸巾等常备物品。

12. 希望能通过电话办理业务；另外中心没有放置清洁用品的地方。

13. 定期对每个系提出的问题进行统一答复。

14. 希望中心的服务内容增加：心理咨询、生涯规划、体育运动、健康中心、创业指导等。

15. 建议增加一些对合作就业企业的概况介绍。

16. 希望能为学生提供对接用人方的兼职平台。

17. 希望大二学生对大一学生提供学业帮助。

18. 建议增加一个“失物招领”服务项目。

19. 在事务中心外设置“意见箱”，一定要是匿名的。

20. 在宿舍楼下放置宣传海报。

二、课题组组长陈玉华发言

1. 学校成立学生事务服务中心，借鉴服务的基本理念，希望能在一个方便学生的地方集中解决同学们的疑问，用“集体答疑”的方式解决学生的问题。

2. 目前学生事务中心还可以提供“预约咨询”；学生心理咨询服务中心位于行政楼内(考虑到心理咨询同学的特殊心理)。

3. 成立大学生事务服务中心的愿景是同学们的非学术性的事务

大部分可以在中心得到解决，所有的困惑都可以在中心得到咨询、解答和指导。同学们可以面对面或者通过“预约咨询”的方式进行沟通，本中心旨在帮助和促进同学们健康成长、全面发展。

“高职院校学生事务服务中心的机制研究与实践”课题组第三次研讨会议纪要

时　间：2015 年 11 月 20 日星期五 14：30

地　点：成都航院德胜楼 3 号会议室

主持人：张　霓

出席人：陈玉华　曹　鼎　杨湘伶　叶法林

记录人：陈雅真

一、课题组成员张霓作考察调研工作简要汇报

2015 年 8 月份，课题组成员曹鼎和张霓前往浙江省对宁波职业技术学院、浙江金融职业学院、浙江机电职业技术学院、温州职业技术学院 4 所国家示范高职院校进行了为期 4 天的专题考察和学习。这 4 所高职院校的共同特点是：每所学校内的学生事务服务中心不止 1 个（最少有 2 个中心），分别负责对学校特定区域的学生事务工作提供服务。每个中心专职指导教师不少于 2 人；学生事务服务中心办理的学生事务，学校其他部门不再办理；所有的中心全部采用窗口化办公，对外和对内、对教师对学生都可以进行服务。

4 所高职院校的教务、学工、保卫等相关部门承担的与学生事务相关的工作，全部都集中在学生事务服务中心办理。所有可以当面处理的事务，都是在中心现场即刻办理的。无法即刻办理的事项（例如学生提议和建议的反馈等），都是在制度规定的时间限制内反馈给学生的。

二、课题组组长陈玉华作阶段性工作总结与安排

1. 课题组成员通过实地考察和调研，结合我校的实际，将“实践”纳入项目研究，并以我们的研究进一步指导我校大学生事务服务中心

的建设与服务。在此过程中，我们已经有了重要进展和成果——形成了两篇论文。后一篇论文将对此前的研究进行总的梳理，按照“研究指导实践”原则，将课题研究与我校学生事务中心建设有机结合并落实到我校学生事务服务的具体“实践”上来。也就是说，充分考虑我们将以什么样的工作模式来开展我校的学生事务服务工作。

2. 课题研究的“基本模式”（不同于方法）

（1）选择一个可资借鉴的工作模式作为“样本”（例如政府机关的“政务大厅”模式），结合研究的创新和我校的实践进行“本土化”完善，架构出学生事务服务的工作模型。

（2）从现有的学生事务服务中心模式、章程、理念、流程等方面进行梳理分析，发现还可以优化、改进、完善的方面和内容。

（3）从架构的理想模式出发展开演绎——学生事务服务中心应该是什么样子的？如何使理想的工作模式具有可操作性、可实践性？

3. 经过前期资料的收集与分析、国内外高校之间的比较研究和机制研究，再到最后的总体梳理、系统分析以及我们的“实证”，“基于实践，高于实践、指导实践”这个原则需要得到再次强调。我们的研究成果既不能脱离实际，天马行空，也不能没有升华与提炼，仅仅只是在“形而下”的操作层面。理论来源于实践，理念指导行动。希望大家以此作为我们在课题研究和具体工作中的基本原则。

“高职院校学生事务服务中心的机制研究与实践”课题组第四次研讨会议纪要

时　间：2016 年 1 月 8 日星期五 15：30

地　点：成都航院德胜楼 1 号会议室

主持人：陈玉华

出席人：张　霓　曹　鼎　杨湘伶　叶法林

记录人：陈雅真

一、课题组成员张霓作工作汇报

学校2期教学楼即将落成并投入使用，原事务服务中心将整体搬迁到2期教学楼，搬迁后成都航空职业技术学院学生事务服务中心将更名为成都航空职业技术学院学生事务服务与发展中心。

对即将落成的学校学生事务服务大厅的工作区域划分、室内布局、功能设计、窗口划分、工作团队结构以及创新型的工作模式进行介绍。

二、课题组成员曹鼎作工作汇报

汇报川内两所高校学生事务中心现场调研基本情况：

成都大学：整个事务服务大厅面积约为350平方米，区域划分为服务区、自助服务区、阅读区、心理咨询区、休闲区、教师办公区。设置了6个窗口，服务内容大体相同。特色服务：中心为学生设置了火车票和汽车票自助取票机。

四川旅游学院：学生事务服务中心位于学生回寝室的必经之路，面积150平方米。中心区域划分为服务区、自助服务区、快递取件区。设置了3个窗口，服务内容大体相同。特色服务：一是中心为学生设置了触屏联网事务办理机，二是以学生快递收取服务提升事务服务中心学生人流量。

三、课题组组长陈玉华作课题结题小结与结题工作安排

1. 对课题研究内容、研究过程、研究成果、创新与突破进行简明扼要的小结。

2. 详细说明结题报告的框架结构、大体包含内容等，并介绍论文的发表情况以及结题答辩所需要的相关表格和文件、佐证材料。

3. 安排结题工作分工，要求各课题组成员尽快完成资料汇总：由张霓、陈雅真草拟结题报告、PPT；曹鼎、叶法林汇总相关佐证材料，负责论文的复印打印（各成员负责提供相关资料）；杨湘伶完成结题答辩相关表格的填写、打印、装订。

4. 要求课题组成员一定要保持信息畅通，在结题这段时间里要共

享资料并进行资料汇总，全力以赴完成课题结题。

五、项目研究的预期创新与突破

基于对国内外高校学生事务服务的研究与在成都航空职业技术学院开展学生事务服务的实践，笔者认为，现代意义上的学生事务不仅仅只是停留在传统观念下的关于学生非学术性的相关事务，其所包含的内容应是与时俱进并超越了传统服务概念，在内涵上应包括“学生服务”和“学生发展”两个方面的内容。“学生服务”应是强调以服务为宗旨，满足学生在大学学习过程中多维度、多样化的需求；“学生发展”则应着眼于基于人的发展理论在高等教育领域的践行与运用。

基于涵盖“学生服务”和“学生发展”两个方面的内容的学生事务概念，项目将从学生事务服务的概念和内涵为研究起点，探索学生事务服务的运行模式和运行机制——从国内外高校学生事务开展情况进行调查分析和理论研究，分析它们的特点和差异，并从理念、组织结构、工作模式、服务内容、服务者队伍建设等方面进行比较和应用研究，结合我国国情和高校实际情况，侧重学生事务服务的帮扶和支持作用，提出了改进和完善学生事务服务工作的举措。

在前期已经开展的对十余所国内高校学生事务工作实地考察学习、信息交流沟通、文献资料采集的基础上，对总结归纳的我国高校学生事务工作的三个基本模式——教育管理主导模式、管理主导模式、管理服务主导模式进行分析研究，并在相对稳定地延续当前高校科层式分级管理的组织结构的情况下，探索如何构建扁平化的组织架构和管理模式，并从理念、管理、应用三个层面出发在主研单位成都航空职业技术学院进行创新应用实践，系统化地形成适宜高职院校借鉴乃至直接应用的学生事务服务理论、模式、技术、机制和制度创新成果。

【 第2章 】>>>>

学生事务服务的概念与内涵

对学生事务的研究与实践，首先需要以科学的方法论界定现代意义上高职院校学生事务的概念与内涵。

一、学术事务与学生事务

与“学术事务”相对应的是“学生事务”，这种表述是一个典型的美国式术语。20世纪初，“学生事务”逐渐从学生学术事务中分离出来，形成了其独立的概念和内涵。在国外，一般认为“学术事务”涉及学生的学习、课程、课堂教学、认知发展等，“学生事务”则与课外生活、学生活动、住宿、感情或个性发展等方面有关。许多学者认为学生事务是学生非学术性活动或课外活动，是学生课外的一切活动及其管理；而学生事务管理通常被理解为这一职业领域相关工作的总称。一般采用格思里（James W Guthrie）的界定：“学生事务针对学生的全面发展，包括学生的智力、情感、体魄、社会活动、就业指导、道德和宗教信仰、美学鉴赏等。”

目前，国内学者对“学生事务”尚未形成统一的、标准化的概念。现有概念表述中，多数学者是从“学生事务”所包含的内容下定义的。例如：“学生事务”是学生课外活动与非学术性事务领域所有概念、项目和活动的总称；“学生事务”是包括如学生入学指导、学籍管理、德育工作、心理指导、助学贷款、学生社团、就业指导等大学生在校一切活动的集合，它们随着时代的变化需要不断地调整；“学生事务”是高校应当对在校学生提供的一种帮助和服务，并通过制定和执行规章制度来约束和修正学生的行为，使之更容易实现人生价值的一系列工作；等等。可以看出，从“学生事务”包含的内容来定义的概念，虽然内容全面但存在概括性欠佳的问题。

研究认为，王秀彦、高春娣主编的《高校学生事务管理概论》一书中对“学生事务”概念的阐述是比较全面并且具有概括性的：高校学生事务是指高校中通过指导、规范和服务学生的成长过程，促进其全面、协调、可持续发展的非学术性组织活动；其范畴涵盖了学生的人格教育、行政管理、成长辅导、生活服务、素质拓展等；工作内容包括学生入学指导、注册管理、德育工作、心理健康教育与辅导、助学贷款、学生社团与社会实践、课外活动、校园秩序与稳定、奖励与处分、创新创业与就业指导等。

在字面上，学生事务似乎只是关于学生非学术性事务的帮助与服务。事实上，现代意义上的学生事务已经超越了传统且单一的学生服务的概念，在内涵上包括“学生服务与学生发展”“学生工作主体”两个方面的内容。其中，“学生服务”强调以服务学生为宗旨，满足学生在高校学习过程中多样化的需求。“学生发展”则是人的发展理论在高等教育领域的运用。“学生工作主体”这一概念则强调主体和实施主体之间的纽带联系和自身职能关系。这既是高等教育以学生为本位提供教育服务的思想基础，也体现了关于高等教育目的的哲学，更是学生事务领域赖以存在的理论依据。

二、学生服务与学生发展

1. 学生服务

向学生提供服务是由高等学校的性质和使命所决定的。高等学校的教育性与创新性、自治性与政治性、开放性与社会性、国际性与民族性及其所肩负的人才培养、科学研究、社会服务、文化传承等使命，要求高等学校在履行教学、科研等核心职能之外，必须创造更多的价值——通过提供有效服务，使现代高等学校由传统意义上的“自我中心”模式向“社会中心”模式转变，进而实现由以往的被动服务向主动服务的转型。这里，作为高等学校的第一服务对象、高等教育产品的购买者，学生当之无愧地成为学校服务的“重要客户”。因此，为学生提供服务应是学校教育管理的第一要务。

为学生所提供的服务，除了广义上与学业直接相关的“学术事务”，主要是非学业方面的非学术性事务。在工作内容上，非学术性事务涵盖学校宣传与招生、新生学籍注册与入学指导、住宿与生活服务、安全管理与健康服务、日常生活与行为管理、奖助勤贷管理与服务、社团活动与咨询服务、心理健康与危机干预、成长辅导管理与服务、素质拓展管理与服务、就业创业指导与服务等。

综上，为学生提供的非学术性事务服务，应是以学生需求为价值导向来实现教育使命的。

2. 学生发展

关注学生发展是高等教育固有的基本理念和内在要求。在高等教育的多种使命中，其最核心、最基本的使命就是培养人。无论是教育教学、科学研究还是服务社会、文化传承，都应聚焦于学生的发展——整合高等学校的文化资源、教育教学资源、科研资源和社会资源，使其为学生的学习和个性发展服务。这里，肩负高等教育使命的高等学校要从社会学、心理学、生态学等角度来分析、解释、预测和概括学生成长和发展规律，为学生的个体成长和发展提供服务。

对学生发展提供服务，其理论基础是全面培养学生的原则，基本目标是关注、分析、解释大学生怎样发展才能成为具备复杂成熟的了解自我、他人及世界能力的个体的过程；基本理论包括学生个体与环境、社会心理、认知和价值观以及整合型理论等。理想情况下，学生事务的每项工作内容，特别是理想信念与公民道德教育、人格塑造与思想引导、心理咨询与健康教育、学业咨询与学风建设、宿舍管理与行为养成、素质拓展与成长和发展指导等重要的学生事务管理领域的内容，都应在学生发展理论的指导下开展，以提高大学生接受高等教育的整体质量，以在最大程度上促进学生的成长和发展。也即，为学生提供的发展性事务服务，应是以学生个性化发展和未来终生发展为理想追求来践行教育使命的。

研究认为，我国高校学生事务的基本要素包括学生、专业人员、具体事务和事务服务。其中：

① 学生是高校实施教育教学、教育管理和教育服务的对象。高校的教育目的和培养目标要与学生的成长成才达成一致，以体现高校为学生提供服务的性质。

② 专业人员和学生是学生事务服务关系中的主体和客体，也是参与学生事务活动中的基本人员要素。

③ 具体事务是学生和专业人员在服务关系中的载体，即学生和专业人员需要通过具体的事务方能建立起服务关系、开展服务活动。

④ 事务服务是学生和专业人员就具体事务在不断的交互过程中，形成的一个集组织活动、知识系统和行动体系为一体，以提供劳动的形式满足学生某种事务性需要的活动。

事实上，基于规范、指导、服务和促进学生成长成才的“学生事务”并不是一个静止的概念，在不同的历史时期有着不同的范畴和内涵，其概念与内涵也会随着时间的推移和工作经验的积累而不断发展、变化、丰富和完善。

研究认为，虽然高校学生事务服务具有多样性、地域性和层次性，国际国内、本专科院校所涵盖的学生事务内容也不尽相同（例如，香港大学学生事务的相关机构是学生发展与资源中心，功能涵盖有校园生活、职场与实习等；山东理工大学所成立的大学生事务中心其服务范畴甚至延伸到学生党建、教学、后勤、图书等领域），但对“学术事务”的“学生事务”的二分法研究，准确解析了我国高校学生事务的概念与内涵。

三、学生工作主体

在现代教育服务理念下，学生事务服务工作是以学生的特点和需求作为工作的出发点和落脚点的，其主体是学生；其实施主体是学校的全体教职员工以及学生自身。在这一实施主体中，学生工作部门是“学生利益的维护者、学生心声的代言人、学生成才的服务员”；其中，辅导员、班主任是一线的服务人员，是服务学生的直接责任人，是学校目标与学生权益之间承上启下的纽带和桥梁；任课教师是教学的服务者，他们以教学的方式直接面对学生，在实施教学服务过程中传授学生科学知识，同时教授学生做人的道理、做事的学问；学校的行政管理人员，即各级行政部门的工作人员，虽然他们的工作不一定直接面对学生，但他们的工作直接或间接地为学生的学习和生活提供服务；学校及二级院系等领导层人员，负责制定具体的学生工作的制度政策、给予下级学工人员工作上的指导和支持，并统筹协调各二级院系和职能部门之间的关系。在这样的服务型学生工作体系中，学生工作的主体是一个领导层有分管，基层有专业队伍，党、政、学、团干部兼职，各级行政和业务部门全员参与的广泛的工作群体。这一工作系统，克服了传统的“千针一线”学生工作模式的弊端，促进了与学生有关的相关工作有序推进、得以落实。

（一）高校行政管理人员

威廉·布朗（William Brown）把大学管理决策分为两大类：一类是学术事务（Academic Performance），另一类是行政管理（Organizational Management）。前者包括课程的设置、学位的设置、业绩的考核、教员的聘用等，后者包括资源的分配、新学科的建设、教员的编制、院长的任命等。高校行政管理工作是高校内部治理结构的一个重要组成部分，其对高校教学、科研、管理工作的正常运转和有序开展起着不可或缺的保障和促进作用。但在高校中，行政管理工作处于辅助地位，主要为教育教学和科学科研、人才培养和学生发展提供支持。高校行政管理的主要任务是为高校中与知识发现、知识生产有关的科研活动，与知识传播、能力培养相关的教学活动，与提高素质、涵养文明相关的非学术事务活动提供服务。高校行政管理人员大致可以分为教学科研行政管理、党政工团行政管理、教学辅助行政管理和后勤服务行政管理四个部分。在高校学生工作方面，高校行政管理人员按照学校、二级院系领导制定的具体学生工作方针政策、制度流程、目标要求，给予下级学生工作人员工作上的指导和支持，肩负着承上启下、上下沟通、左右协调、内外联系的“枢纽”职责，并在高校学生工作管理中充当了导引者、协调者、教育者，直接或间接地为学生的教育管理和生活学习提供服务。

（二）高校专任教师

专任教师是高校科目教学的服务者，他们以教学服务的方式直接面对学生，并在实施教学服务过程中传授学生科学知识，同时教授学生做人和做学问。高校专任教师通过个人的人生阅历及人格魅力、学术水平和专业修养为接受教育的学生传道、授业、解惑，为学生提供教育、支持和帮助，他们是感动和影响学生健康成长成才的工作者。专任教师不只是教授知识和技术，还是学生事务服务工作的重要组成部分，是学生事务服务工作兼职队伍中一支重要的力量。专任教师的主要职责应包括：一是教书育人，完成大学教学任务和课程教育，指导学生参与各项科技文化竞赛等；二是了解学生的思想、学习和生活状况，帮助学生合理地规划大学学习和生活；三是为学生释疑、解惑，促进学生的成长成才和全面发展。

（三）高校辅导员、班主任

作为高校教师队伍的重要组成部分，高校辅导员、班主任是实施学生事务服务工作的主体，他们是面对学生的第一线服务人员，是服务学生的直接责任人，发挥着上传下达的重要作用。高等学校应当把辅导员、班主任队伍建设作为教师和管理队伍建设的重要内容。

1. 高校辅导员

辅导员是高等学校教师队伍和管理队伍的重要组成部分，具有教师和管理人员的双重身份。辅导员是开展大学生思想政治教育的骨干力量，是高校学生日常思想政治教育和管理工作的组织者、实施者和指导者，也是学生的人生导师和健康成长的知心朋友。因此，必须加强辅导员队伍建设，坚持育人为本、德育为先，促进高等学校改革、发展和稳定，促进培养和造就有理想、有道德、有文化、有纪律的社会主义建设者和接班人。

（1）辅导员工作的要求

第一，认真做好学生日常思想政治教育与价值引领工作，做好学生党团和班级的建设与管理、学风建设与学生日常事务管理、心理健康教育与咨询、职业规划与创业就业指导、校园危机事件处置等工作。

第二，遵循大学生思想政治教育规律，坚持继承与创新相结合，创造性地开展工作，做好服务育人工作，促进学生健康成长与成才。

第三，主动学习和掌握大学生思想政治教育方面的理论与方法，不断提高工作技能和水平。

第四，定期开展相关工作调查和研究，分析工作对象和工作条件的变化，及时调整工作思路和方法。

第五，注重运用各种新的工作载体，特别是网络等现代科学技术和手段，努力拓展工作途径，贴近实际、贴近生活、贴近学生，提高工作的针对性和实效性，增强工作的吸引力和感染力。

（2）辅导员的主要工作职责

第一，帮助高校学生树立正确的世界观、人生观、价值观，确立在中国共产党领导下走中国特色社会主义道路、实现中华民族伟大复兴的共同理想和坚定信念。积极引导学生不断追求更高的目标，使他们中的先进分子树立共产主义的远大理想，坚定中国特色社会主义的道路自信、理论自信、制度自信和文化自信。

第二，帮助高校学生养成良好的道德品质，经常性地开展谈心活动，引导学生养成良好的心理品质和自尊、自爱、自律、自强的优良品格，增强学生克服困难、经受考验、承受挫折的能力；有针对性地帮助学生处理好学习成才、择业交友、健康生活等方面的具体问题，提高他们的思想认识和精神境界。

第三，了解和掌握高校学生思想政治状况，针对学生关心的热点、焦点问题，及时进行教育和引导，化解矛盾冲突，参与处理有关突发危机事件，维护好校园安全和稳定。

第四，落实好对经济困难学生的资助与帮扶工作；组织好高校学生开展勤工助学，积极主动帮助经济困难学生完成学业。

第五，积极开展就业创业指导和服务工作，为学生提供高效优质的就业指导和信息服务，帮助学生树立正确的择业、就业观念。

第六，以班级为基础，开展理论和实践研究，加强学风建设；以学生为主体，发挥学生班集体在大学生思想政治教育中的组织力量。

第七，组织、协调班主任、思想政治理论课教师和专职学生工作人员等，共同做好学生的思想政治工作、心理健康工作、日常事务服务等，在学生中间开展形式多样、丰富多彩的教育活动。

第八，指导学生党支部、团支部和班委会建设，做好学生骨干培养工作，激发学生思想进步的积极性、主动性。

2. 高校班主任（部分学校设置）

班主任是高校学生工作队伍的一支重要力量，是对班级学生进行学习指导以及人生引导，促进学生全面发展的重要力量。班主任一般由专业课老师兼任，由二级院系聘任，同时接受二级院系和学校职能部门的双重领导。其主要职责如下：

一是帮助学生深入了解专业特点，指导学生选课和阅读相关专业文献。

二是引导学生端正学习态度，树立正确的学习目标，指导学生掌握大学学习方法。

三是了解学生在大学学习中所遇到的困难和问题，帮助学生制定个人学业计划和职业生涯发展规划，并及时给予学生学业和学术方面的指导和帮助。

四是营造浓厚的学术氛围，引导学生树立科学严谨的学术态度和良好的学风，提高学生的学习效果和学术研究水平。

五是配合辅导员做好学生的思想政治教育和管理工作，并以良好的师德形象和人格魅力影响和带动学生，使学生形成健康的人格和良好道德品质。

（四）学生自我

苏联著名教育理论家和教育实践家苏霍姆林斯基说过：“真正的教育是自我教育。”我国高等教育的目标是把学生培养成为“有理想、有道德、有文化、有纪律”的德智体美劳全面发展的高素质人才。其中，高等职业教育的目标是培养生产、建设、服务与管理第一线需要的高素质技术技能人才。要想使学生得到全面发展，就要调动学生的主观能动性，发挥其内在的动力机制、激励机制和自我约束机制。一如我国著名教育家叶圣陶先生所说：“教是为了不教。教育的最高境界应是自我教育。”其实，真正的教育是“自我教育的教育”。因此，我们必须要充分地认识、理解并积极发挥学生作为社会个体的主体价值。

大学学习中的自我教育主要体现在大学生的自我管理上。大学生的自我管理，主要是指大学生为了实现高等教育的培养目标，以及为满足经济社会发展对个人素质的要求，充分调动自身的主观能动性，卓有成效地利用和整合自我资源（价值观、时间、心理、身体、行为和信息等），运用科学管理方法所进行的自我认识、自我计划、自我组织、自我控制和自我监督的一系列自我学习、自我教育、自我发展，进而趋向于自我完善的主体性活动。而且，这种自我管理应该体现在大学学习和生活的方方面面。在大学的学生事务服务中，也要毫不例外地体现这种自我教育和管理。

事实上，高校学生事务服务工作管理模式不是简单地发号施令，是为了有效地协调学生学习生活的各个内外要素，充分地为学生提供实践条件，最大限度地提高学生的综合素质，以适应经济社会发展的需要。高校学生事务服务工作是为了培养当代大学生学会管理自我，为学生搭建自我教育、自我管理的服务平台，培养他们的自我管理意识和自我管理能力。大学生的自我管理一般是通过学校提供的学生工作岗位、搭建的学生组织平台来实现的，例如多种多样的勤工助学岗位，社会实践团队、学术研究团队、创新创业团队，各个学生干部组织、学生社团组织、学生自管委员会、学生创新实验室和工作室等。学生在岗位上和组织中的活动所培养的自我管理能力主要体现在以下几个方面。一是生活自理的能力。通过勤工俭学和社会实践，树立独立生活的意识，摆脱依赖心理，有助于大学生顺利地走向社会。二是自主学习的能力。通过学习与参加各种学术团队，提高自主学习的能力。学会学习是每个现代社会成员应具备的基本素质。终身学习已经成为一种必然。重视自主学习能力的培养，将来才能更好地适应社会发展的要求。三是社会活动的能力。参与各种学生社团组织和有组织的活动，有助于提高学生的组织管理能力和社会交往能力，学会与他人进行沟通、协调和合作，为今后顺利走向社会并迅速适应社会生活奠定基础。

理论和实践已经证明，高校学生自我管理能力的培养，对实现人的全面发展起着重要和积极的推动作用。只有让学生进行自我管理，才能激发他们的内在潜能，才能使外在的规范约束内化为自身的行为准则，才能使学生在由他律到自律的转化过程中健康成长，并最终实现既定的教育目标。

【 第3章 】>>>>

学生事务服务的理论研究

理论研究是指对社会现象、社会生活的内在联系及其规律的研究。教育理论研究是在已有的教育思想、教育理论的基础上，运用各种逻辑和非逻辑方式进行加工整理，通过具体分析、抽象思维而获得关于教育的认识成果的研究活动。这里，理论研究是所有研究的基础。理论研究源于实践，最终还将付诸实践。

一、比较研究成果

有比较才有鉴别。比较是指对比几种同类事物的异同、高下。在几年时间里，我们以系统的观念和方法，对国内外高校学生事务服务的理念、组织结构、工作模式、服务者队伍建设等方面进行了比较与研究，为改革创新我国高校学生事务服务工作提出了对策和建议。

（一）基本理念比较

以美国为代表的国外高校学生事务服务，普遍强调的是关心学生作为“完整的人的发展”这一新人文主义哲学理念（即“全人”发展哲学观），充分体现以学生为本。他们会根据学生的实际需求和个体差异进行针对性指导，尽可能多地为学生提供全方位、多角度的服务。

这使学生们得到更为全面的发展。我国大部分高校大多还停留在学生事务管理工作层面，在基本理念上一般偏重强调管理的本位特征。受传统观念的影响，以生为本、有效服务的理念还不够深入，比较侧重对学生进行约束和管理，更多要求学生无条件服从学校的组织安排，在管理理念上还不够科学和人性化，对学生个体发展和进步有一定的约束和阻碍。

（二）组织结构比较

目前，我国大部分高校学生工作大都是党委领导下的科层式行政领导体制，一般采用校院（系）两级党政齐抓共管的组织结构。在学校层面上，设有专门分管学生工作的党委副书记或副校长，在学校党委行政部门之下一般分设有学生工作部（处）、团委等二级职能部门和组织；在院（系）层面上，一般设有学生工作小组（室），由院（系）分党委（党总支）组织管理，成员由若干专、兼职辅导员或班主任组成，负责控制和管理学生的各项具体事务。其具体的组织结构如图 3-1 所示。

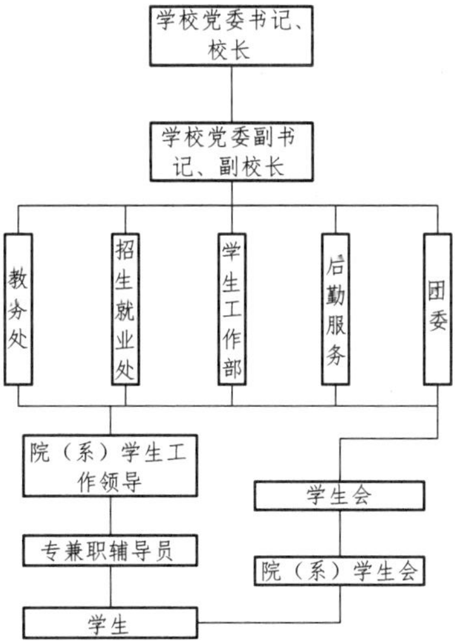

图 3-1　我国高校学生事务服务组织结构图

美国的多数高校把学生的全面发展作为所有工作的核心思想，构建出以学生为本的学生事务服务组织结构。通常，美国大学一般会设有1位校长、4—6位副校长，其中1位副校长负责学生事务服务相关工作，并在该副校长下分设学生事务处（学生事务服务中心）专门对学生事务服务进行管理。学生事务处（学生事务服务中心）有一位或者数位学生主管和负责人，按照不同的工作内容设立有专门的办公室或管理中心，并指派专人或工作人员对具体某一方面的学生事务提供服务，形成“大学生工作系统”。其具体的组织结构如图3-2所示。

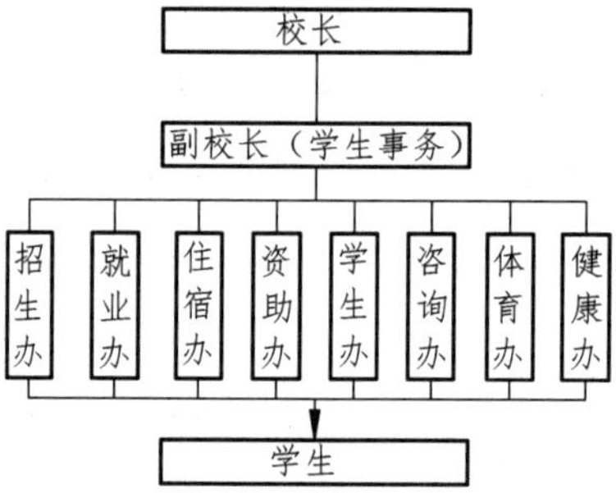

图3-2　美国高校学生事务服务组织结构图

显而易见，国内高校学生事务服务实行的是横向联合形式，多个条块结合在一起，形成较密集的网络；而国外高校的相关机构设置则相对比较独立，功能化程度相对较高。在学校机构设置方面，国内的高校大多实行党政合一的二级管理结构，国外高校则实行一级管理结构。总体上，国外高校学生事务服务工作组织结构体系的长处是：学生事务服务的整体结构简单、涉及层级较少，有助于缩短或减少一些不必要的工作程序，从而提高工作效率；面向学生的事务性工作内容多，服务项目更具有针对性，而且辖属学生事务处（学生事务服务中心）的工作人员的分工更加合理和明确。

（三）工作模式比较

以英美为代表的西方国家的高校学生事务服务模式主要有直接监督管理模式、经费筹措模式、服务和联合协会模式等，整体上行政导向性较弱，各个高校拥有充分的自主权，可以对本校的学生事务进行较自由的控制和管理，自治能力较强而且自治程度较高。

国内部分本科类高校已经完成学生事务管理向学生事务服务的转型，但是这并不能改变国内高校学生事务管理的格局，仅仅是将部分学生事务服务的元素融入学生事务管理中，而这仅有的融入也只是机械地移植国外高校在学生事务服务方面的一些做法，将管理的实质隐含在了服务里，并未因地制宜、适当变通。比如：虽然建立了大学生事务服务中心，但并未将之与学生工作有关的职能部门有机整合；已经建立大学生事务服务中心的高校，大多也只是将中心视为学校学生管理工作部门的二级组织等。究其原因，国内各高校普遍实行党委领导下的校长负责制，在组织开展学生工作的过程中，一般是通过各种行政手段来进行领导、控制和管理，管理工作存在较强的行政导向性。党政合一、条块结合是我国高校学生工作的主要特征。将学生工作渗透于学校各个组织机构，齐抓共管，虽然在有些情况下有利于工作的开展，但在这种多重领导、多部门管理的状态，往往管理多于服务且工作效率较低。

另外，国内高校学生工作的管理色彩相对比较浓厚，服务色彩相对偏弱，某种程度上缺乏对学生的人文关怀。因条块结合的运行机制形成的管理模式层次多、涉及的部门多、程序多，致使高校学生事务管理向学生事务服务转型趋于表面化、“新瓶装旧酒”。各高校基层学生事务工作者往往也是机械地按工作流程开展工作，工作模式单一，缺乏与学生的有效沟通交流，在一定程度上阻碍了学生事务服务工作的有效开展。相比之下，英美高校的学生事务服务模式则要科学合理得多，真正体现了以学生为本，将学生作为客户，学校则是巨大的服务提供商。

（四）工作方式比较

我国大部分高校学生工作的主要实施者是纳入高校教师编制的专职辅导员，主要采取的工作方式仍然是传统的说理教育方式，严格地将学生当作被管理甚至被控制的对象；相关工作流程也是严格按照学校设立的等级、层次以及规章制度从上到下进行单向传递；所制定的学生事务管理工作制度、章程等，一般都有较强的行政色彩和导向性，更多的是为了保障学校日常各项工作的按部就班运行，较少站在学生角度思考学生自身的实际发展需求，难以做到有效、有温度地服务学生。而一些西方发达国家高校在开展学生事务服务工作时，则相对较为灵活和人性化。例如，在对学生的日常行为进行规范和约束的时候，在坚持原则的前提下，充分考虑到学生的实际情况，针对不同种族、不同地区、不同文化背景、不同兴趣爱好的学生，灵活制定不同的约束管理办法，管理条款大多彰显了人性，让学生主动服从日常的行为规范准则，而不是被动地接受学校制定的相关制度，这在很大程度上提高了学生对学校的认可度。

（五）工作队伍比较

客观上，从事学生工作的人员通常应具备良好的沟通、交流、协调、创新、团队合作等方面能力以及一定的学生事务管理经验，这是由学生工作的性质决定的。我国高校的学生工作起源于早期的思想政治教育工作。当前，从事高校学生工作的人员大多也是思想政治教育类相关专业毕业，缺少专业的学生事务管理、教育管理等方面的专业素质和技能。学生事务服务人员的职业标准化程度较低，工作人员大多没有经过严格的筛选和培训，实际工作水平参差不齐。在人员数量上，虽然教育部有师生比不低于 1∶200 的规定要求，但一线的专职学生工作人员人数往往达不到标准。除此之外，学生工作繁重复杂，国内高校的现有管理模式容易导致工作方式生硬、死板，工作效率不高，工作效果不尽如人意。从事学生工作的人员工作头绪多、压力大、负荷重，工作中很容易产生各种不良情绪，影响对工作的认同感与归属感，致使工作缺少创新、难于创新，长期囿于管理控制学生的环境里。

英美的一些高校开设有专门研究学生事务服务工作的硕士、博士点；许多高校也都十分注重建设一支全能的学生事务服务工作队伍，部分地区还成立有高校学生事务服务联盟或者俱乐部。例如，美国加州大学洛杉矶分校（简称 UCLA）全校共有学生 4 万余名，从事学生事务服务的专业全职工作人员有 350 名（师生比达 1∶114）。在 UCLA 的学生心理健康指导中心，有专职工作人员 55 名，其中获得心理学博士学位者有 24 名，可开具处方的精神科专业医师有 8 名。值得一提的是，国外高校中除心理咨询中心外的其他专业性较强的学生事务服务部门工作人员，许多都拥有相应领域的证书和岗位资质。这些高度专业化的工作人员，为更好地为学生工作服务提供了强有力的保障。此外，国外高校在录用从事学生事务服务工作的人员的时候也十分严格和谨慎，严格推行职业标准化，任何一个岗位的工作人员通常情况下都是经过层层的选拔和考核才能最终被录用。人员在入职后，如果想要申请更高一级的岗位，更需要经过学校的严格考核和评定，并且还要接受了一定时间的岗位培训，才可以开始任职和工作。

（六）对策和建议

通过比较研究可知，国内高校学生事务服务工作在很多方面都有改革和创新的空间。但国内高校在更新学生事务服务理念、构建学生事务服务模式的过程中，不宜机械地全盘照搬国外高校的做法，必须结合我国国情和高校实际，始终坚持大学生思想政治教育这根主线，努力强化学生事务服务中的帮扶和支持功能，创新服务模式，建立健全学生事务服务体系，培养一支专业化的学生事务服务工作队伍，推进学生事务服务规范化、制度化、法制化建设，为学生成长成才打造有力、有效的服务平台。

1. 确立“以学生为本”的服务性工作理念

学生事务服务所有工作的核心应是“以学生为本”，就是把服务学生作为第一工作要务。为此，我们的教育管理方式应该是服务性的教育管理方式，学生工作者应是学生的引导者、启发者和服务者。在现实工作中，落实以学生为本的工作理念，要充分发挥学生的主体作用，在服务学生上下功夫；要处理好为学生服务和学生自我发展的关系，同时要处理好严格教育管理和主动服务引导的关系，把严格的管理与良好的服务相结合，寓管理和教育于服务之中。一是在学校和学生事务服务工作人员中牢固树立“管理就是服务、管理为了更好地服务”的思想，树立“学生是教育消费者”“一切为了学生、为了一切学生、为了学生一切”的服务工作理念，正确理解学生与学校之间“教育消费者”与“教育提供者”之间的关系。二是引导学生冲破陈旧道德观念的束缚，提倡学生独立思考、个性发展，将个人利益与集体利益和国家利益结合起来，把握好“社会本位”和“个体本位”“受教育者”与“客户”之间的关系。三是落地服务理念，创建“学生事务服务中心”等类似机构主动开展服务，在服务中促进学生自我教育、自我管理和自我成长，并在服务中赢得学生的认可，体现学生事务服务工作的价值。

2. 创新提高服务效能的学生事务服务模式

现代组织的发展趋势基本上是由传统的金字塔模式向扁平化结构模式演进，组织的中间管理层被逐步弱化，并通过拓展管理幅度、减少管理层次来提高管理效率。

为有效发挥学生事务服务的效能，提高学生事务服务信息响应的速度，可学习借鉴国外高校先进经验，结合国内高校学生事务服务的实际，对已有的各职能部门重新进行组织机构的分化与整合，即将学生工作部（处）、团委、教务处、招生部门、就业指导部门、宿舍管理机构、武装保卫部门、后勤服务部门、医疗卫生等部门和相关科室根据工作需要重新组合，形成功能专一的新机构，建立直属党委副书记或副校长领导的多个中心或办公室，如招生注册中心（招生、学籍管理）、学生活动中心（校园文化、社会实践）、住宿生活指导中心（宿舍管理和宿舍生活）、行为指导中心（日常管理和行为管理）、就业指导中心（职业和人生规划）、心理咨询中心（心理教育和咨询服务）、健康服务中心（健康预防、医疗保险）、勤工助学中心、思想政治教育中心、党团工作中心等。如果考虑管理幅度的限制，可将上述各中心依据工作性质分为学生教育、管理、服务三类。

这种组合方式下的学生事务服务模式，学生事务的机构设置切块很小、分解较细、职责明确，各部门之间工作不重叠，工作人员职责不交叉，上下一条线，主从分明，左右协调，各司其职，能有助于保证在学生事务服务工作中便捷、高效地服务学生。

3. 建立健全学生事务服务体系

国内高校，甚至包括已经向学生事务服务工作转型的高校，其学生事务的体系严格来说仍是一种管理体系，是一种从管理者角度出发而制定的体系，其利益主体仍是管理成员。现如今，国内高校尤其是高职院校间的生源大战已经拉开序幕，学生择校就读的教育考试制度改革呼之欲出。如何在高校之间的竞争中抢占先机，比拼的主要是各高校的教育服务质量。因此，建立完善的学生事务服务体系迫在眉睫。

从管理体系向服务体系的转变，核心是利益主体的转变——使教育服务对象的学生理所当然地成为受益主体。所以，高校需要增强服务意识、建立健全服务体系，并将服务更多地融入学生工作之中。已有学者提出高校学生事务“十大服务”之说，即：① 招生服务；② 助学服务；③ 心理咨询服务；④ 法律援助；⑤ 技能培训；⑥ 课外阅读指导；⑦ 社会实践指导服务；⑧ 留学咨询服务；⑨ 就业指导和后续跟踪服务；⑩ 学生日常学习、生活的管理服务。这应是国内高校常规学生事务服务体系建设和服务内容建设的一种可资借鉴的思路。

4. 建设专业化的学生工作队伍

必须明确，专业化的学生工作队伍是关系高校学生事务服务工作走上正确轨道的关键。2005 年 1 月,《教育部关于加强高等学校辅导员班主任队伍建设的意见》中提出了辅导员队伍“职业化、专家化”的目标，要求对高校学生工作者的培养要如同培养教育教学、科研工作者那样，不仅要在数量上满足要求，更要在学历提高、理论教育和各种待遇等方面采取切实可行的措施。2017 年 2 月，中共中央、国务院印发了《关于加强和改进新形势下高校思想政治工作的意见》，明确指出要加强教师队伍和专门力量建设，要将高校思想政治工作队伍和党务工作队伍纳入高校人才队伍建设总体规划，形成一支专职为主、专兼结合、数量充足、素质优良的工作力量。

为此，在大学生事务服务工作者的培养上，国家应尽快制定教育规划，设置学生事务服务工作相关专业，在本科、硕士和博士各学历层次上全面培养，这是建设学生事务服务工作队伍的根本之策。在高校层面上，要重点加强学生事务服务工作者的职业道德建设，畅通职业发展路径，使之不仅热爱学生工作，而且能把学生工作当作为之奋斗的事业，努力营造学生事务服务工作者与学生之间的和谐氛围，促进师生的良性互动，形成良好的师生关系，激发师生的潜能，进而建设一支素质优良、结构合理、数量适当、相对稳定，具有良好约束力、凝聚力、公信力、执行力的专业化的学生事务服务工作队伍。

5. 推进学生事务服务法制化建设

由管理学生向服务学生转型的学生事务服务工作模式，在积极探索、鼓励创新的同时，需要加强规范化、制度化、法制化建设。一方面，教育行政部门要在广泛调研的基础上，健全和完善高校学生事务服务的相关政策和法规，制定有利于高等教育健康发展和学生成长成才的相关规定和制度，促进我国高校由传统的高等教育管理模式向服务模式的转变。另一方面，为有效推进高校学生事务服务工作模式的改革，须提高高校学生教育工作者、专业教师、管理服务人员以及学生的公民意识和法律意识，严格规范教育教学和管理服务工作行为，实现学生事务管理向服务的真正转型。

二、模式研究成果

模式一般是指事物的标准样式，是解决某一类问题的方法论（即把解决某类问题的方法总结归纳到理论高度），是一种按照既定思路有助于高效完成任务的参照性或指导性方略。受到传统文化和历史传承、经济发展和社会风气、思想观念和价值追求等多方面因素的不同影响，我国高校学生事务服务工作模式不尽相同。

研究认为，可把“高校学生事务服务模式”定义为某一教育主体或教育机构根据高等教育培养目标，促进学生全面发展，以学生思想教育、成长辅导、学习指导和生活服务为主要内容的管理与服务等活动的程式。这种程式是以一种基于某种理念的“学生观”“发展观”为指导，以涉及学生的一种或几种相关活动为工作内容，按照某种已确定的规则来实现对学生的教育、指导、管理与服务的形式与内容的统一。这一模式在空间上，各种活动依托特定的组织机构和工作人员呈现一种并列平行的关系，独立设置又相互协作；在时间上，每种活动有一种内在的发展逻辑，基于学生的个性发展，服务于不同需求的学生。

（一）模式构建的基本要素

学生事务服务模式构建的基本要素包括两个方面：一是学校学生工作日常管理的需要；二是学生认知中所反映的需求。这两方面内容构成了学生事务管理新模式的核心要素。

1. 要素一：学生理想信念及道德情操引领

事实上，高校学生事务工作的首要因素，也是最根本的问题之一，就是培养学生成为什么样的人。众所周知，高校肩负着人才培养、科学研究、社会服务、文化传承创新、国际交流合作等方面的使命和责任。中国特色社会主义高校，无论思想政治工作、人才培养还是学术事务、学生事务，都不同程度地关系着办什么样的大学、怎样办大学，培养什么人、如何培养人这一根本问题。

对于学生事务工作中这个最早、也是最为传统的任务，必然是广义上大学生思想政治工作的应有之义。当前，虽然学生事务工作的内涵和外延不断拓展、内容越来越多，但是其促进学生正确“三观”的形成与发展，培养学生高尚的道德情操这一根本任务没有变。为此，必须结合时代发展的要求、当代大学生的认知特点和个性特征，始终将学生理想信念教育和道德情操引领作为架构学生事务模式的第一要素，并积极创新思路、路径和方法，寻求新的策略来开展这项首要工作。

2. 要素二：学生学习引导与辅助

虽然学生事务是指“非学术性”事务，但现实中的学生事务和学术事务正由分离走向结合——现实生活中学生事务的重要任务之一就是要为学生的学习提供引导性服务，为学生的学习提供基本帮助。当下的高校学生事务工作者不仅要为学生进行就业和职业发展的指导，有时还需要帮助学生做好学涯规划。在高职学生认知调查中，学习指导是高职学生的重要需求之一，同时，这也是在高职学生认知中学生事务工作者必须具备的能力。

学涯规划对于高职学生而言，就是在认真进行个人性格特征分析并进行 SWOT（Strengths，优势；Weaknesses，劣势；Opportunities，机会；Threats，威胁）分析的基础上，结合自己的兴趣、爱好和特长，在可能的情况下，依据自己的兴趣选择喜欢的专业、依靠自己的爱好发展特长。高职学生在走向社会之前，需要将现实环境和长远学习规划相结合，为自己的学习生涯做出清晰的定位，这是高职学生学习、就业乃至未来职业发展的关键前提。

通常，学涯规划是由学涯想象、设计，进而确立演变而来。其核心内涵包括以下三项内容：

（1）了解自己，确立方向；

（2）了解在相应学习领域成功所需要的条件、技能以及需要储备的知识；

（3）了解从确立方向开始的完整过程，结合自身实际做出切实可行的学涯规划。

学涯规划一般是指学生个体自我学习管理的过程，是学生以大学阶段的学业要求为指向的目标管理。在此意义上，学涯最终目标与各年级学业目标的确定、目标的调整以及实施的思路和步骤，都要充分地发挥学生作为学涯主体的主观能动性，而不是完全依靠学生事务管理者或教师来代替其进行策划和安排。此外，由于大学阶段学生个体的思维能力受限于其阅历而有所欠缺，单独或完全依靠学生又存在诸多弊端或风险，因此必须积极发挥学生事务管理机构以及相关工作人员的作用。这些作用有以下几种：第一，目标引领，即要使学生明确大学阶段的主要学习任务和学习目标；第二，问题导向，即要引导学生学会思考问题的方式和解决问题的方法；第三，兴趣驱动，即要激励学生理性认识自身条件（兴趣、爱好及能力）和环境资源（专业、校内外资源、社会需求等）；第四，指导学生，即帮助并导引学生学会如何计划、安排学业和生活，最终使学生能在客观分析主客观因素的基础上，基于自觉和内省主动地做好自己的学涯规划。

3. 要素三：学生职业能力发展指导

接受“以服务为宗旨，以就业为导向”高职教育的学生，对专业、职业、就业方面的需求是最突出的。这里，专业是首要的“战略问题”是高职学生对毕业后人才市场态势及自身资源与优势的价值判断。假如说职业理想和就业目标是目的，那么专业就是实现这个目的的载体。由于不同的职业需要不同的知识、技能和态度，而不同的知识、技能和态度正是不同专业学习的主要内容。因此，高职学生所选择的专业一般应是就业目标所需要的知识、技能和态度（从事就业岗位所需要的职业能力）。

同时，职业、就业方面的需求主要体现在基于专业选择上的职业指导和职业能力的培养两个方面。也即，在学生事务工作中如何做好学生职业能力的培养和帮助学生开展职业生涯规划变得非常重要。

怎样才能让高职学生毕业后能够找到适宜工作并尽快适应社会，这与注重高职学生的职业能力培养息息相关。在学生事务工作中，虽然不能直接帮助学生掌握和提高职业能力，但是可以让学生知晓加强职业能力培养必须注重以下几个方面：一是掌握过硬的专业知识。过硬的专业知识的积累是高职学生求职就业、安身立命之本。二是掌握娴熟的专业技术技能。娴熟的专业技术技能是高职学生知识应用能力、专业实践能力的具体体现，也是高职学生区别于同类专业普通高校学生的优势特色。三是具备良好的沟通能力。良好的沟通能力是事业成功的金钥匙。“假如人际沟通能力也是同糖或咖啡一样的商品的话，我愿意付出比太阳底下任何东西都珍贵的价格购买这种能力。”（石油大王洛克菲勒）四是具有一定的社会交往即社交能力。社交能力同团队精神、沟通能力、方法能力、协调协作能力等共同构成促进一个人终身发展的关键核心能力。

职业生涯通常是指一个人一生所有的与职业相连的行为、活动以及相关的态度、价值观、理想追求等全部历程，是一个人一生中职业、职位的变迁及实现职业目标的过程。职业生涯规划一般是指一个人对其一生中所承担职务相继历程的预期和计划，包括一个人的学习对一种职业或组织的贡献。职业生涯辅导基本的切入点其实就是帮助高校学生了解自己的兴趣、能力、理想以及他人对自己的期望等，而不仅仅是为其找到一份工作。

事实上，学生职业发展指导的主要工作是把高校学生的主观愿望与客观事实区分开来。因此，很多时候是利用一些职业性的测量表让学生更准确地了解自身的实际情况，以便比较客观地规划自己的职业生涯。从事学生事务的工作者（例如辅导员），不仅可以从高校学生的客观条件入手，也可以从他们的主观兴趣或愿望出发，给予其启发、引导，让他们客观地认识自己并审视自己的内心。

与学生职业发展密切相关的另一项工作是学生的就业指导。一方面，高校学生就业指导要为促进学生素质提高、促进其顺利就业提供多方面的服务；另一方面，要帮助和引导高校学生根据自身特点和社会职业岗位的需要，选择最能发挥自己才能的职业，并有效地与工作岗位结合，实现其人生价值和社会价值。由此可见，高校学生职业发展指导者不仅要具备良好的专业素养，还要有较强的心理辅导能力。

需要强调指出，学生作为职业能力发展辅导的对象，其实是该项活动的主体。也即，要使学生职业发展指导工作富有成效，就必须发挥学生的主观能动性和主体作用。因为，职业能力发展指导仅仅是一种外因，是一种辅助性、导引性因素，指导者不可能把就业意识、就业观念及职业素质简单地转化为学生个人的内在品质，也不可能决定学生的就业方向和就业选择。因此，学生职业能力发展指导实际上是在指导者的引导与帮助下，使学生深化自我认识、自我教育、自我完善和自我提高的过程。

4. 要素四：学生生活服务与咨询

通常，大学学生生活服务与咨询包括：宿舍生活服务、心理咨询与辅导以及体育卫生医疗服务等。

高等院校的学生宿舍，是大学生在校期间学习、生活的主要场所之一。大学生在校学习期间，约有三分之二的时间是在宿舍里度过的。所以，学生宿舍也是校风、学风、社会主义精神文明建设的重要场所。切实加强学生宿舍的管理，创建一个“文明、卫生、整洁、安全”的宿舍环境，是学生事务工作中的重要内容。随着经济水平的提高，大学生对宿舍生活水平的要求也逐渐提高。在宿舍硬件设施等方面，高校宿舍大多建成了标准化学生公寓，基本上满足了学生的硬件需求。但在学生宿舍管理和宿舍文化方面，尚需进一步加强建设。一方面，标准化公寓和医疗、健身等机构和中心的设立，形成了功能完备的大学生社区，为大学生正常校园生活提供了便利的服务，有利于学生健康生活习惯的养成。另一方面，在完善大学生社区硬件建设的同时，还必须加强宿舍文化和社区文化建设。开展丰富多彩的宿舍文化建设，不仅能够调节学生的大脑活动，提高其评判善恶、美丑、真假的能力，提高审美能力，增强环保意识，还可以促使学生获得课堂、书本中无法直接获得的各种社会知识、文化知识、生活知识、自然科学和社会科学等方面的知识，活跃思维方式，更有利于学生知识结构的优化，培育良好的学风。此外，开展宿舍文化建设还能起到协调良好人际关系，培养集体主义品格的作用。一所大学中的学生来自四面八方、五湖四海，带着各自的乡音，有着各自的生活习惯和学习习惯，走到一起、住在一处，成为朝夕相处、寒暑共度的同学舍友。由于性格和习惯等因素，他们既相互学习，又不可避免地会发生矛盾，影响心情和宿舍气氛，影响着相互间的人际关系，不利于同学们的共同生活和健康成长。开展宿舍文化建设，事实上就要求每个舍友团结协作，形成共同创造、共同爱护宿舍的良好氛围。这种客观的但又不是硬性的规定和要求，无形中促使了舍友间形成相互尊重个人习惯、互谅互让、团结互助、共同进步的良好行为规范，和谐了人际关系，营造出充满了健康、良好、协调、舒适、愉快的宿舍环境，有助于培养学生的集体主义意识、思想和品格，有利于创建一种健康的“宿舍精神”，促使学生朝着健康、向上、积极的方向成长。

学生心理咨询与辅导是现代教育内涵的重要组成部分，也是学生事务工作的重要内容。学生心理咨询与辅导是指学生事务服务工作者运用心理学、教育学、社会学、行为科学乃至精神医学等多种学科的理论与技术，通过集体辅导、个别辅导、教育教学中的心理辅导以及家庭心理辅导等多种形式，帮助学生认识自我、悦纳自我，克服成长中的障碍，改变自己的不良意识和倾向，充分发挥个人潜能，促进心理健康与人格和谐发展，迈向自我现实的教育活动过程。学生心理咨询与辅导涉及学习辅导（主要是指对大学生的学习动机、学习方法、学习情绪与学习习惯进行的辅导）、人格辅导（指个人对己、对人、对事方面的个性心理品质，侧重对学生的自我意识、情绪的自我调适、意志品质、人际交往与沟通、团队精神与群体协作进行辅导，以培养学生良好的个性心理与社会调适能力）、生活辅导（主要是指通过日常生活辅导、休闲辅导、消费辅导等，培养学生健康的生活情趣、乐观的生活态度和良好的生活习惯）、职业辅导（通过帮助学生了解自己的兴趣爱好、能力特长，进而帮助他们确定就业与升学、进行职业的选择和准备）等。也即，学生心理咨询与辅导的目的，一是协助并促进学生心智发展，即通过心理辅导这一过程帮助学生切实地了解自己、他人及周围的环境，学会面对难题，学会抉择，学会适应；二是协助并促进学生的个人成长，高校学生处于关键的成长发展阶段，学生心理咨询与辅导不仅要帮助学生适应大学生活，充分发挥个人潜能，还要开发学生心理潜能，促进其人格的健全与健康发展。

网络信息时代的大学教育和学生事务工作中，应大力加强大学生身体素质方面的工作。体育运动一方面可以锻炼大学生的身体素质，另一方面可以磨砺大学生的意志力和坚韧的品格。因此，学生事务服务中心要积极协调学校各方、整合相关资源，为大学生提供体育运动场地和器材，定期向学生开放，为学生参与体育活动提供有效服务。健康的大学生活来源于良好的身体素质和讲卫生的生活环境。大学生宿舍、活动场所等生活区的卫生直接影响到大学生的生活质量和健康，干净整洁的环境条件不但对学生的生活习惯有直接影响，而且对学生的公德教育等方面具有隐形的潜移默化的作用。因此，高校后勤工作要为大学生提供卫生清洁的生活环境和学习环境。医疗服务是大学生活必不可少的一部分。大学生医疗服务应该以“防”和“治”相结合。“防”要根据大学生的身心特点和医疗需求，定期开展健康咨询、饮食指导、禁毒防艾和保健防病知识等方面的健康教育讲座和知识宣传。“治”要根据大学生医疗服务需求，建立大学生健康档案，针对大学生常见疾病和就医需求特点，完善医疗设备，努力提高医务人员的水平。

5. 要素五：学生日常事务及其他

大学生日常事务主要包括奖助勤贷补、学籍管理和课外活动等。在这方面，学生事务服务与管理部门主要起到一个桥梁中介的作用。就学生奖助勤贷补工作而言，主要是将各类奖学金、助学金及经济援助、各种学费贷款、校园勤工俭学、学生专项奖励与补助以及特殊困难补助等方面的信息通过各种方式和多种途径，全面而完整地“公而告之”，使符合条件的学生根据个人及家庭的实际情况通过网上或常规方式递交申请及相关证明资料，学生事务服务与管理部门会进行资格审查后汇总学生申请的相关资料，或组织开展遴选与评选工作，或将相关资料转交给资助方。此外，学生事务服务与管理部门有时也会受资助方委托，对申请学生的资格进行审核和推选，最终确定符合资格的申请学生。这时，学生事务服务与管理部门既是组织者，同时又是监督者，以确保资助方的资金、项目或工作确实落实到符合要求的学生。

大学生学籍管理有广义学籍管理和狭义学籍管理之分。广义的大学生学籍管理是指学生从入学到离校期间参与各类教学活动和其他相关社会活动过程中，学校所进行的计划组织、筹划安排、控制处理。狭义的大学生学籍管理一般是指根据有关规定对学生的入学资格、在校学习情况及毕业资格进行考核、记载、控制和处理的活动，是对取得入学资格的学生从入学注册、成绩考核与记载、升留级或者重修、转学、休学、复学、退学、奖励与处分、毕业与毕业资格审查等方面，按照国家教育方针，遵循教育规律，针对青年学生身心发展特点，基于经济社会发展实际和人才培养要求，制定相关规章制度并实施的管理。新时代大学生的现代群体特征和认知特点对学生事务工作提出了新的要求，也对学籍管理提出了新的挑战。因此，学生学籍管理要突出大学生的主体意识。当今大学生大多为“00后”，他们主流积极、健康、向上，同时独立性、多样性和差异性日益增强。其中一些大学生不同程度地存在着理想信念模糊、诚信意识淡薄和社会责任感、艰苦奋斗精神、团结协作观念缺乏等问题。从表面看来，学籍管理似乎只是简单的事务性工作，其实不然。学籍管理通过管理学籍达到对学生实施通知告知、提示警示和督促管理的教育目的。学籍管理是一项政策性、专业性很强的工作，它要求管理工作人员要有较高的政策水平，具有良好的计划性、准确性和原则性，这是搞好学籍管理工作的基本保证。网络信息时代的学籍管理，必须建立一支具有现代化管理思想和意识、原则性强、掌握现代化网络化信息管理技术、具有奉献服务精神的高素质的管理队伍。学籍管理人员要提高认识，增强服务意识；不断学习和充实新知识和新技能，提高利用现代化管理手段进行管理的能力；不断总结、摸索学籍管理的新特点、动向、规律，从整体上保证学籍管理工作的水平，提高管理效率和服务质量。

高等学校学生活动是大学生自我组织、自我管理、自我锻炼、自我展示的平台。在大学生认知调查中，大学生参与活动的积极性不高，但对学生活动的需求十分突出。这一矛盾突出表现出大学生对当前学生活动设置的不满，他们认为当前的大学生活动缺少新意或者对当前大学生没有吸引力。因此，在学校的日常生活中，有目的、有计划、有组织地开展形式多样、丰富多彩的学生文化活动，能给学生以参与其中的教育体验、乐在其中的教育感受和积极正向的教育影响，同时也能丰富学生的校园文化生活和学习成长经验。目前，高校活动按内容可以分为以下三类：学术科技创新类活动、志愿服务社会实践类活动、文艺体育个人爱好类活动。按活动的组织来源的不同，大学生活动又可以分为行政指导型、自发组织型和招标活动三种。行政指导型活动指学校相关部门有计划地在某个时间段内组织实施，并且指定了具体负责该活动的个人或团体的活动，包括由上级部门（在高校一般是团委）指定某一学生社团组织开展的活动，例如五四青年节庆祝活动、大学生科技文化节活动等。自发组织型活动是由学生社团等团学组织根据兴趣、爱好或某一社会热点等组织开展的活动，例如节约粮食的“光盘行动”、垃圾分类投放活动等。招标活动是指学校相关部门有计划要在某个时间段组织开展，但又没有指定具体负责该活动的个人或团体的活动。对于这类活动，首先是将学生活动作为一个项目确定下来，提出活动的指导思想及目的指向；其次，要对活动的中心思想、举办原因、注意事项等进行详细说明，并列举一些可供选择的活动方案，激发学生的灵感以创新组织活动；最后，项目确定后要进行广泛的宣传，做好招标工作，参与者可以是某个学生组织，也可以是一些有兴趣的学生临时组织起来的团体，鼓励广大学生踊跃参与其中。这种招标活动，一方面为广大学生提供一个活动创意、活动规划、活动组织与实施的全方位锻炼的机会；另一方面，又能为活动创造一种良性竞争的氛围，促进所有竞争和参与者参与其中、得到锻炼、获得进步和提高。针对目前大学生对活动参与的兴致不高、投入不深等现状，建议组织和开展此类活动时，应在征求学生意见、了解学生意向的基础上来组织指导活动的开展，以使此类学生活动能够真正地体现以学生为主体。学生事务工作者要紧紧围绕立德树人这一根本任务，指导学生自发、自主地策划和开展贴近生活实际、学生喜闻乐见，同时又能帮助学生自我提高的形式多样、内容丰富的各项活动。同时，学校应尽可能地减少行政指导类的活动，增加目标导向明确的招标活动，为学生健康成长与发展提供宽阔的舞台和充足空间。

（二）高校学生事务工作典型模式

在准确把握高校学生事务服务构建基本要素的基础上，从模式的构建入手，我们分析与解构、总结与归纳出了以教育管理主导、管理主导、管理服务主导为典型特征的三种高校学生事务工作模式。

1. 教育管理主导模式

教育管理主导模式是以学生教育管理为主的工作模式。在这种工作模式中，学生事务与学术事务是人才培养的两个重要组成部分，将学生事务服务与管理作为实施学生教育管理的载体、内容和手段，并通过为学生提供事务服务，促进学生的成长和发展。其主要特征有以下几点。

（1）基于人的全面发展理念开展学生事务工作，将教务处视为教学处——从事学术事务教学组织与管理工作，实行教务处、二级学院（系）二级管理；将学工部视为教导处——从事学生事务服务与教育管理工作，并大多实施科层式分级管理。

（2）将学生视为受教育者、专业人员（含宿舍管理员）为教师（宿舍管理老师）、学生事务为施加教育影响的过程。

（3）将学生事务服务与教育管理和促进学生成长作为学生事务工作的主要功能，工作过程即基于教育活动的管理过程；将学生事务与养成教育有机结合，通过为学生提供的事务服务中的人、事、过程，进行显性或隐性的“施”教和影响。

在本质上，教育管理主导模式强调对学生的制度约束，期望通过上行下效来规范学生行为，是我国高校学生工作中最传统、最常见的典型模式。

2. 管理主导模式

管理主导模式是以管理（更多体现的是“管”）为主的工作模式。这种工作模式将学生事务服务作为对学生进行有效管理的方式、途径和手段；通过事务实施管理，约束学生行为，保证学校正常的教学、生活和工作秩序，为学生正常接受教育教学进而实现既定培养目标提供保障。其主要特征有以下几点。

（1）基于规范高效原则开展学生事务服务与管理工作，实施严格的科层式分级管理，强调统一规范性和目标可控性。

（2）将学生视为管理对象，专业人员为管理者，学生事务为管理、监督、约束学生的过程。

（3）将管理学生作为学生事务服务与管理工作的主要功能，以管理制度实现管理效率；将学生事务视为学术事务的保障和补充，通过严格管理确保学校的正常秩序、学生的平安、校园的稳定。

在本质上，管理主导模式强调对学生的制度约束和人为管束，在我国从中职学校升格的高职高专院校中，是常见的典型模式。

3. 管理服务主导模式

管理服务主导模式是基于“管理就是服务”理念的服务主导工作模式。这种工作模式将学生事务服务与管理作为给学生提供服务和帮助的载体和手段，通过为学生提供事务服务，在帮助学生解决非学术事务的同时，对学生进行服务性管理——既满足学生的事务性正当需求，又“念念不忘”对学生的教育、引导乃至服务性管理约束。其主要特征有以下几点。

（1）基于以学生为本位的服务理念开展学生事务工作，在保留科层式分级管理的组织结构下，借鉴扁平化的组织架构及管理模式的优点，设立大学生事务中心，努力为学生提供简便快捷的“一站式”服务。

（2）将学生视为接受教育服务的消费者、专业人员作为提供教育服务的供给者、学生事务服务作为通过提供帮助和服务对学生施加教育影响的过程。

（3）将进行优质服务、科学管理和满足学生允许性需求作为学生事务服务的主要功能，学生事务服务过程中强调规章制度下的“规定性”服务；将学生事务视为教育产品服务，通过事务服务对学生进行优质高效、简便快捷的科学教育与服务性管理。

在本质上，管理服务主导模式强调高校学生事务不同于一般性产品服务。当前，在我国设置“一站式”学生事务服务中心的高校中，不同程度地普遍采用这种以管理服务为主导的工作模式。

三、机制研究成果

在社会学领域，机制一般是指有机体的构造、功能及其相互关系，是“在正视事物各个部分存在的前提下，协调各个部分之间关系以更好地发挥作用的具体运行方式”。基于高职院校大学生事务服务整体解决方案，针对高职院校文化传承、培养目标和学生特点，我们以实证研究的方法对高职院校大学生事务服务机制进行了积极探索，提出了促进高职院校大学生事务服务有效开展的八种机制：服务理念确立与践行机制、领导责任机制、扁平化组织架构机制、制度设计与保障机制、管理运行机制、控制机制、考核评价机制和拓宽事务服务项目机制。

（一）服务理念确立与践行机制

理念是行动的指南和先导，创新高职院校大学生事务服务首先要创新并确立理念。

高职院校的人才培养目标是造就擅长于形象思维、掌握一技之长的应用型高素质技术技能人才。高职院校的大学生事务服务工作更应着眼于帮助学生理解和掌握“怎么做”和“怎么做更好”，而不应只有“是什么”“做什么”和“为什么这么做”。也即要把让学生成长和成为高素质的技术技能人才放在首位，通过事务服务帮助他们拓展思维、积极尝试和主动实践，从而将传统的“按规定程序办事”转变为“为学生成长成才服务”。因此，变管理为“服务”便是开展高职院校大学生事务工作的核心基本理念。

“以生为本、服务为要”理念的确立与践行是学生事务服务工作的灵魂，必须将其植根于事务服务的各项工作中，一以贯之，才能体现理念的精神和价值、功能和实质。以学习引导中的学业服务为例，要求学生进行 SWOT 分析的指导仅仅解决的是学业服务“是什么”，而帮助学生做好合理的时间规划和科学的学业学分计划等，则侧重于为学生的成长成才提供非学术性事务的管理性服务。“以生为本、服务为要”理念的第一要义是促进发展，核心是以学生为本，基本方法是统筹协调，目标要求是优质服务，并将根植于事务服务各项工作中的这种理念的践行，作为学生事务中的灵魂和价值追求。这种一切为了学生的成长成才的服务的理念，不仅是学生事务服务行动的先导，而且能指导决策和行为，塑造员工并建立团队精神，更能提高事务服务在促进学生成长成才中的地位和作用。

（二）领导责任机制

领导责任是领导者对某项工作或某一事件所担负的责任。建立健全领导责任机制是构建学生事务服务工作的关键所在。

高职院校各级党的组织要高度重视包括学生事务服务在内的学生工作。高职院校党委要发挥统领和政治核心作用，支持校（院）长依法独立负责地履行职权，保证行政、群团组织的发展目标和工作思路统一；支持行政、群团组织依法依章开展工作；研究制定学生工作的总体规划，分析学生思想状况和学生工作状况；同时要发挥二级学院（系）党总支和党支部等基层党组织的战斗堡垒作用，形成完整的组织领导体系，为学生工作目标的实现提供坚强有力的领导和组织保障。

与此同时，高职院校要成立由党政一把手负责的校、院（系）两级的服务型学生工作领导组织机构。学校及二级学院（系）的党政一把手是学生工作的第一负责人，分管学生工作的校领导和二级学院（系）领导是学生工作的主要负责人。学生工作部等职能部门、群团组织和服务中心具体落实学校党委和行政部门确定的工作目标、工作计划和方略，各司其职、各负其责地履行学生教育、管理和服务的职能，指导、支持并推进各教学单位采取多种形式和方式方法组织开展相关工作，促进学生全面发展。

（三）扁平化组织架构机制

按照目前分数优先的高考录取政策，进入高职院校学习的学生大多是未能被本科层次院校录取的学生。这些学生虽然并不存在智力问题，但是被动学习能力、形象思维能力不足，和学习依赖性较为突出。

因此，对这些学生的事务服务工作的内容和方式应更为灵活多样，事务服务的组织架构亦应更加独立化和专业化，并尽量减少多层级“行政化”倾向，建立党委领导下的学生工作部牵头，各部门参与，集中配置资源的“一站式”服务中心。

通常，高校学生事务服务机构的岗位设置一般有三种模式：一是全体工作人员兼职化，即其工作人员全部来源于各相关部门；二是全体工作人员专职化，学生事务服务工作的组织、策划、实施、管理等是其主要职责；三是专兼职协同，即设置若干专门人员（指导教师），聘请学生作为兼职工作人员，专兼职协同开展工作。三种模式各有特点，第一种模式便于组建团队，管理灵活，人员可替代性高，但由于兼职身份，工作衔接性有待提高，服务质量难以保证；第二种模式的工作人员稳定，但伴随事务服务项目的增加，学校运行与管理成本最高；第三种模式兼具前两种模式的优势，可取得较好的效率。从效率、效益以及提高事务服务的自主权和事务服务人员的能动性角度考虑，第三种模式更加适合办学规模相对较小的高职院校采用（如图 3-3 所示）。

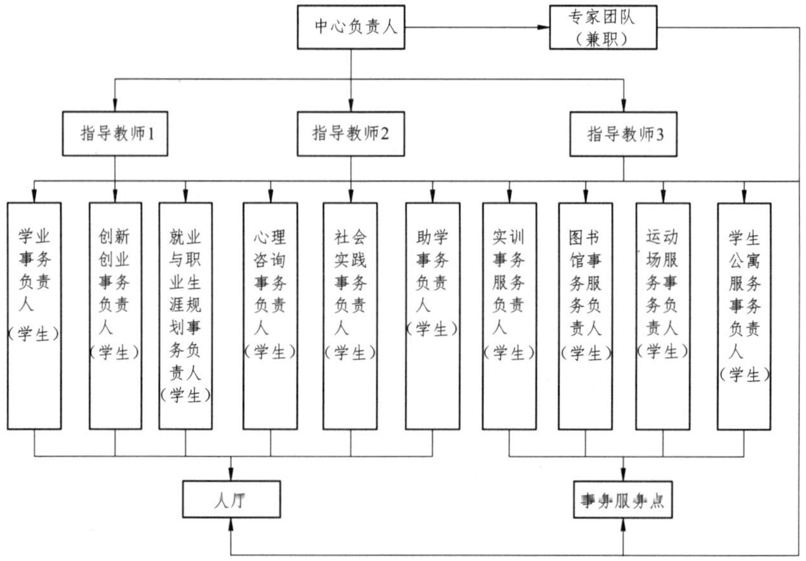

图 3-3 “一站式”服务中心标准化模式

对于高职院校学生事务指导教师人数，除应根据事务服务项目的多少进行确定之外，还可参照相关文件中的有关规定要求。例如，教育部规定高校专职辅导员应按照 1∶200 的师生比配备，高校思想政治课教师配备比例为 1∶350—400，高校心理健康工作专职教师配备比例为 1∶5000，且不能低于两人。对成都航空职业技术学院等相关高职院校学生事务服务工作人员配备的实证研究表明，高职院校学生事务服务的指导教师人数一般不宜低于 1∶5000。而且，还应借鉴国外高校事务服务的经验，充分发挥学生自治组织、学生党员和学生干部的积极性，更多地鼓励高年级学生参与到学生事务服务工作的规划、设计和实际运行中来，形成类似于学生会的组织结构，把学生事务同学生自我教育、自我管理、自我服务结合起来。

此外，对一些高校学生事务服务中心（大厅）“一站式”的调研表明，这种“一站式”架构在集中配置资源的同时，也存在着服务功能过度集中、区域固化等问题。因此，亦可在学生学习生活相对集中的若干主要场所根据事务服务项目的功能类型设立服务分站，这些场所包括实训基地（指导与服务学生开展创新发明与制作等）、学生公寓（指导与服务学生开展思想政治教育和社团活动等）、图书馆（为学生提供专门的大学生阅读指引、信息查询等指导与服务）等。还可设立如“学生后勤服务大厅”（已在成都航空职业技术学院等相关高校独立设立），为学生提供集约型、集中性后勤生活服务和帮助。这种保留学生事务服务大厅的主体功能，将部分服务事项按照类别或功能特征分设在各服务分站的做法，既延伸了事务服务的触角，又将服务事项适当合理分区，有助于提高服务的效能。另外，勤工助学、职业规划、社会实践和快递收取等校园生活服务，都是高职学生在校学习生活期间需求最多的事务项目，为此须有针对性地加强、深化和拓展这些事务领域的有效服务（如图 3-4 所示）。

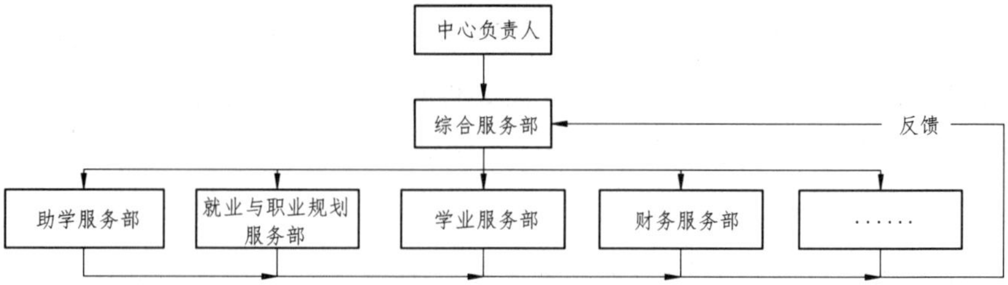

图 3-4 “一站式”服务中心改进型模式

（四）制度设计与保障机制

制度是节制人们（个人及组织）行为的尺度和行为准则，是关于人们的权利、义务和禁忌的有关规定。在高职院校学生事务服务中，学生、工作人员、组织机构三者是事务服务制度设计的行为主体。为了改进和完善高职院校学生事务服务工作，除建立常规的学生事务中心章程、人事与岗位制度、财务制度、学生事务工作流程等制度外，还应从规范、高效和组织稳定的角度制订诸如信息反馈机制、激励机制、约束机制、提升与发展计划等相关制度，将事务服务的各项工作置于完善的制度框架内，进而形成可持续发展的内生机制。

除了具有指导和约束性、鞭策和激励性、规范和程序性，制度还具有一定的习惯性。在进行学生事务制度设计时，不应割裂高职院校自身的办学历史、办学理念和文化的传承。源于少数高等专科学校、短期职业大学和独立设置的成人高校改革、改组和改制，中等职业学校升格补充建立的高职院校（“三改一补”），具有区别于传统普通高校的独特人文传统、培养目标和教育理念，高职学生也具有与培养目标、培养模式相适应的认知规律。因此，在进行高职院校学生事务服务制度建设时，应将这些“习惯性规则”有机地融入学生事务服务的相关制度之中。当然，在进行制度设计时，也要避免出现“学校本位”的倾向，即制度设计不能太过于注重学校的既得利益，而应以有效服务为前提，注重成本、制度与实效的平衡。

学生事务服务工作的保障机制是实现高校学生工作目标，保证服务型学生工作得以正常、有序进行的内外部条件。保障机制一般由制度保障、队伍保障、物质保障、社会保障这四个要素（或子系统）构成。它们之间相互渗透、相互联系、相互制约，形成稳定的有机整体，确保学生事务服务工作的正常、有序运行。

1. 制度保障

学生事务服务工作制度在构建服务型学生工作模式的保障系统中起着十分重要的作用，它是一系列权利、义务和责任的综合，具有明确的规范和强制作用以及相对的稳定性。建立科学、合理的服务性学生工作制度，是让"服务理念"渗透到学生管理的全过程，使高校师生有了行为守则和依据，人与人之间的关系得到和谐调整和处理。为确保服务型学生工作模式的正常运行并使之处于和谐、稳定、有序的状态，完善的规章制度是必不可少的法宝。就加强学生事务服务工作模式的制度建设而言，可分为宏观和微观两个方面。

（1）宏观制度

高校学生事务服务工作模式制度建设中的宏观制度是指国家层面、国家教育行政部门颁发的有关高校学生工作的纲领性文件以及教育主管部门制定、颁布的有关学生工作的行政规章、制度、条例等。

例如，2004年8月26日，中共中央、国务院颁发《关于进一步加强和改进大学生思想政治教育的意见》（中发〔2004〕16号），该《意见》就当时条件下加强和改进大学生思想政治教育工作做出了全面部署，明确了加强和改进大学生思想政治教育，提高其思想政治素质并把他们培养成中国特色社会主义事业的建设者和接班人，对于全面实施科教兴国和人才强国战略，确保我国在激烈的国际竞争中始终立于不败之地，确保实现全面建设小康社会、加快推进社会主义现代化的宏伟目标，确保中国特色社会主义事业兴旺发达、后继有人，具有重大而深远的战略意义和现实意义。其主要内容涵盖高校学生思想政治教育工作的指导思想和基本原则、主要任务、主导作用、有效途径、重要作用等九个方面。该《意见》是当时历史条件下指导、规范高校学生思想政治教育工作的纲领性文件。

2017 年 2 月 27 日，中共中央、国务院印发了《关于加强和改进新形势下高校思想政治工作的意见》（中发〔2016〕31 号）。新《意见》强调指出了新时期高等学校肩负着人才培养、科学研究、社会服务、文化传承创新、国际交流合作等重要使命；进一步明确了加强和改进高校思想政治工作，事关办什么样的大学、怎样办大学的根本问题，事关党对高校的领导，事关中国特色社会主义事业后继有人，是一项重大的政治任务和战略工程；其主要内容分列于重要意义和总体要求、强化思想理论教育和价值引领、发挥哲学社会科学育人功能、加强对课堂教学和各类思想文化阵地的建设管理、加强教师队伍和专门力量建设、推进高校思想政治工作改革创新、加强和改善党对高校的领导七个部分。新《意见》为新时期高等学校如何牢牢把握正确的办学正确方向，加强和改进学校思想政治工作，扎实办好中国特色社会主义大学奠定了行动基础，明确了重点任务，提供了制度保障

此外，教育部制定、颁布的部门行政规章则为高校学生工作提供了制度框架和规则基础。比如 2017 年 9 月 1 日起施行的《普通高等学校学生管理规定》（教育部第 41 号令）、《高等学校学生行为准则》以及《国家教育考试违规处理办法》《普通高等学校学生安全教育及管理暂行规定》《高等学校校园秩序管理若干规定》等，都是指导高等学校维护学校正常教育教学秩序，促进高等学校保障学生权益、规范学生行为、提供学生管理服务，促进学生全面发展的规章制度。各高等学校要据此修改并规范制定本校学生工作的相关制度。

（2）微观制度

高校学生事务服务工作模式制度建设中的微观制度是指在我国现行教育体制、管理体制和环境条件的制约下，某个学校、院（系）甚至某个班级为实现既定目标或解决某项问题，有针对性地制订的规章制度。微观环境的制度建设要有利于推动校风、院（系）风、学风和班风建设，是对高校整个制度环境的积极贡献，并有利于对“上位法律法规”和上一层次制度要求的执行。一般而言，微观的学生事务服务工作制度系统根据招生就业、学生日常思想政治教育、学生行为管理和学生服务等方面建立健全全校性学生工作管理制度、院（系）层级的学生工作管理制度、班级管理制度、辅导员管理制度、班主任管理制度等。各项管理制度既要指导、规范、约束具体的学生工作实践，又要为整个学生工作系统的运行提供条件和保障。

例如，结合学校实际，贯彻落实国家要求的《××大学/学院关于加强和改进新形势下思想政治工作的实施意见》《××大学/学院教师师德规范》《××大学/学院管理规定实施细则》《××大学/学院学生心理危机干预实施办法》《××大学/学院学生考试违纪、作弊行为认定及处理办法》等系列规章制度，既可完善学校法人治理结构，激发学校办学活力，促进学校内部及学校与社会和谐发展，又是促使学校依法自主办学，实行民主参与、科学管理、社会监督的重要制度，也是促进学生、教职工、学校协调和可持续发展的一套完整的制度体系。

2. 队伍保障

学生工作队伍建设是构建服务型学生工作模式的人力资源保障，是保证学校坚持正确办学方向，全面贯彻党的教育方针政策，培养全面发展的社会主义事业合格建设者和可靠接班人的重要力量，是服务型学生工作的组织者、指导者和实施者，是高校教师和学生教育管理服务队伍的重要组成部分。学生事务服务工作队伍包括专职人员队伍和兼职人员队伍。

（1）专职队伍

学生事务服务工作专职队伍人员是指专职从事学生思想政治教育和学生管理、学生服务工作的人员，学校层面具体包括党委书记、主管意识形态和学生思想政治工作的校领导以及学生工作部、团委等学生工作部门的中层领导干部，院（系）层面包括各二级学院（系）党委、党总支负责学生思想政治工作的书记和副书记、团总支书记和专职辅导员。必须强调指出，建设一支素质过硬、结构合理、相对稳定的专职学生工作队伍是保障服务型学生工作稳定和健康发展的关键。

（2）兼职队伍

学生事务服务工作兼职队伍人员是指除专职从事学生思想政治教育和学生管理、学生服务工作之外的其他服务于学生成长发展的相关人员。现实工作中，高等学校构建学生事务服务团队的工作涉及多个层面，任务繁重，必须依靠全体教职员工的共同努力，才能有效服务于学生成长成才工作。学生工作兼职队伍人员包括思想政治理论课教师、管理干部、兼职辅导员、辅导学生职业生涯规划的科任教师、担任班主任的专业教师、企事业单位或社会聘任的校外兼职教师以及担任学生工作助理的高年级学生等。

（3）建设机制

建设一支精干、高效的学生工作队伍，保障学生事务服务团队的有效运行需要把握以下三个方面工作。

第一，合理配搭学科专业，精心组织选聘，严格准入条件。一名合格的学生工作者既要具有专业知识，又必须有扎实的理论功底、能够掌握心理危机干预技巧、职业测评技术等相关知识和技能。同时，高校学生工作队伍也是高校培养的具有一定管理能力、富有团队合作精神的高素质业务骨干和党政管理干部的后备力量。因此，在选聘学生工作者，特别是专职学生工作者时，必须从源头上严把入口关，严格按照政治强、业务精、作风正、综合素质优良的要求，高标准、严要求进行选聘。

第二，开展多元化培训，提高学生工作队伍的综合素质和工作能力。高校学生工作面临着各种新形势、新情况、新变化和新要求，要成为专业化、专家化、职业化的学生工作者，需要加强培训交流和多岗位、多部门的锻炼。高校学生教育管理服务部门可以依托国家或地方的资源，组织境内外的考察、交流和专题培训，也可以依托辅导员培训基地，开展学历学位教育和专业技能培训，以研讨会、论坛、挂职锻炼等方式，加强不同高校学生工作者之间的工作交流。

第三，统筹规划，合理流动，保持学生工作队伍的动态平衡。学生工作队伍可通过学校内部各部门和二级学院（系）之间的合理流动，相互学习借鉴有效的做法，创新工作模式，提高从事学生工作人员的业务素质，进而形成相互理解、共同提高的氛围，促使高校学生工作队伍健康可持续地良性发展。

3. 物质保障

学生事务服务工作是一个复杂的系统，每一个环节都需要相应的物质支持予以保障。该项工作的物质保障既要求必要的经费，也包括校园环境、网络平台等软硬件设施。

（1）经费保障

在创新探索并努力构建学生事务服务工作模式的过程中，高职院校必须保障学生工作的资金投入，用于学生工作部门开展日常思想政治工作、学生教育管理、学生事务服务的自身建设，开展学生思想政治教育工作专项课题研究、思想政治理论课精品课程建设、大学生素质教育基地建设、学生工作队伍建设以及全员育人的评选和表彰等学生工作事务。与此同时，学校还应积极争取国家拨款专项经费和地方财政拨款，整合社会资源，争取更多的社会捐赠，并通过校友、企业和社会名流等在学校设立助学金、奖学金和科研基金。高职院校可建立专门的筹资机构，在法律允许的范围内，利用社会资源积极进行市场化运作，寻求社会各界的财力支持，为高职学生的奖助勤补、创新创业、科技创新和科学研究等工作提供有力的资金资助。

（2）软硬件设施保障

软硬件设施是保障学生事务服务中心成功搭建的基础。高职院校应高度重视学生工作硬件设施和辅助设备的建设，并将学生活动场所和学生事务工作场所的基本设施建设列入学校建设总体规划。要努力改善校园生活环境，实施校园绿化、美化、亮化工程。同时，还要增加学生事务工作设备设施的投入力度，改善服务环境，建设设施设备相对完备的学生事务服务中心，搭建高效快捷的校园网络平台，为学生提供精细化、即时性精准服务，构建良好的校园环境和网络环境。

4. 社会保障

学生事务服务工作过程中，应在充分发挥学校思想政治工作主渠道功能的前提下，把教育途径、教育方式、教育手段积极向社会、企业及家庭延伸，充分发挥社会环境、家庭环境的辅助作用。构建社会（企业）、家庭、学校三位一体的学生事务服务工作的立体育人环境。研究认为，为保障高职院校学生事务服务工作在有效的环境中运行，应不断加强以下几个方面的工作。

（1）积极开发校友资源

校友是学校建设发展不容忽视的重要支持力量。校友资源是集人、财、物为一体的综合性资源，既可以为高职院校学生工作提供人才资源和智力支持，又可带来实实在在的财力、物力资助。因此，高职院校的学生工作部门和各院（系）要注重校友资源的开发，加强与校友的信息沟通，在学生在校期间就要加强与学生的感情维系，加强学生的母校情节。同时，要加强在校生与校友的互动，使校友与在校学生共同探讨学校精神文化的传承和延续、发扬和光大，进而探索形成校友支持并促进学生工作的长效机制。

（2）充分发挥家庭教育的功能

家庭教育是指父母或者家中长辈对年轻一代或家庭成员所进行的有目的、有意识的教育。成长阶段的大学生，他们所接受的教育主要有两种，一种是学校教育，一种是家庭教育。对于每个家庭而言，每个学生都是百分之一百。而促进学生的良好发展，需要学校教育与家庭教育的有机结合，需要建立并加强高职院校与学生家庭联系的工作机制。为此，需要帮助学生家长了解学校、了解专业、了解高职教育与社会发展的关系，引导他们形成正确的育人思想观念；采取多种形式，调动学生家长参与学校教育的积极性；成立家长委员会，建立 QQ 群或微信群，与学校学生工作共同形成对学生教育引导的合力，就为人之道、为学之道、为生之道以及高职学生成长成才过程中的问题与家长共同探讨，提出加强和改进学生工作的意见和建议，同时做好与学生家长的沟通、协调和反馈工作。

（3）有效挖掘企业文化的育人职能

企业文化通常是指企业在生产实践和发展过程逐步形成的，为全体员工所认同并遵守的，彰显本组织特点的使命与愿景、宗旨和精神、价值观和经营理念以及这些理念在生产经营实践、管理制度、员工行为方式与企业对外形象中所体现的总和。以校企合作、工学结合为典型人才培养模式特征的高职教育，必须高度重视企业文化、技术文化和职业文化对学生的熏陶培养和潜移默化。应针对企业、专业、职业特点，重视合作企业在人才培养过程中对学生一丝不苟的职业态度、精益求精的工匠精神、严慎细实的工作作风的培养，使企业教育与高职院校学校的高职教育有机结合，有效发挥企业文化育人的职能。

（4）努力争取社会专业人士的支持

研究认为，需要重视并加强高职学生社会适应能力的培养。高职教育是以就业为导向的教育。高职院校一般是高职学生进入社会之前学习社会知识、增加社会阅历、提升社会认知的最重要的加油站。因此，要结合行业、职业和学科专业特色，积极争取社会相关行业和专业人士参与到高职院校的教育教学及对学生的引导指导中来，使高职院校的大学教育、职业教育、专业教育、素质教育与社会教育形成有机结合，为学生事务服务工作的有序开展提供有利的社会环境支撑。

（五）管理运行机制

运行机制是指在人类社会有规律的运动中，影响这些运动的各因素的结构、功能、相互关系以及这些因素产生影响、发挥功能的作用过程和方式。它是引导和制约决策，并与人、财、物相关的各项活动的基本准则和相应制度，是决定行为的各种相互联系、相互作用的内外因素及相互关系的总称。在高职院校的学生事务工作中，要保证各项事务工作目标和任务的真正落实，就必须建立一套高效、灵活、协调的运行机制——学生事务服务管理运行机制。这种机制在内容上涵盖规范化的事务服务流程、学生主体参与机制、项目或活动责任机制、项目或活动过程控制机制（明确第一责任主体、执行流程、准确研判及处置应对）以及激励与约束机制、信息反馈机制、服务失效补救机制、事务服务考核评价机制等系列制度设计，通过事务服务促进学生发展，满足学生非学术性事务服务、成长成才等多方面的发展性需求。为此，需要在高职院校新组建成立学生事务服务与发展中心。

高职院校学生事务服务与发展中心，是在高职院校校级领导直接领导指挥下组织开展的，各学校职能部门之间相互协调、配合的工作组织。该工作组织可以根据学校具体机构设置情况建立虚拟机构或直接隶属于学生工作部，组织开展日常的学生管理、学生服务工作。该工作组织具有实效性、阶段性、实时性、临时性等特征，其工作模式以构建学生事务服务中心为平台，给学生提供便捷、时效的服务。这种学生事务服务与发展中心是学生事务服务工作的主要执行机构，下设各服务中心负责制定学生服务的具体项目、制度和程序。中心的工作人员由具有专业知识和技能的专职干事和学生助理组成，直接为学生提供一对一的服务和个性化的指导。研究认为，学生事务服务与发展中心应兼具以下职能并设立相关分中心：大学生成长发展、学习辅助、创新创业与科研指导、职业发展与就业指导、心理发展指导与咨询服务、勤工助学服务、学生校园活动指导、学生法律援助服务、学生健康服务、后勤服务。

高职院校学生事务服务与发展中心在高职院校学生服务工作运行机制中的主要职能是：

1. 大学生成长发展中心

该中心的主要职能是为学生的全面发展提供指导。一是针对不同文化基础的学生给予指导并提出个性化素质培养提升方案；二是针对不同年级的学生，指导创设不同的教育情境以及综合素质提升课程和活动计划；三是统筹协同各二级院（系）具有德育教育功能的实践教学基地和相关文化建设；四是协调、整合校内外教育资源，为学生德智体美劳全面发展提供物质、人力支持及指导。

2. 学习辅助中心

该中心的主要职能是为学生的学业发展提供引导和方向性指导。一是组织开展全校学生学习现状的调查研究；二是针对高职院校学生普遍性问题向学校提出改进人才培养工作的建议，并对不同学习问题的学生提供个性化指导并给出改进方案，为学生提供一个免费的来自朋辈、专家的支持与辅导平台；三是组织开展提升学生学习能力和学习效率、增加学习兴趣、转变学习方法的课程、讲座等相关活动。

3. 创新创业与科研指导中心

该中心的主要职能是为学生创新创业与科研活动的开展提供指导。一是在学校团学组织部门的领导下，组织开展调动学生学术科研兴趣、激发学生创新创业精神、引导学生结合专业和兴趣特长开展学术和科学研究的讲座和活动；二是组织校内外人士开设提升学生的论文撰写质量、提高学生学术及研究水平的课程、讲座等相关活动；三是帮助、支持并协调组织学生参与专业教师的学术活动和学术研究；四是组织学生参加校内外创新创业、科技制作发明、学术科研和技能大赛等活动。

4. 职业发展与就业指导中心

该中心的主要职能是为学生的职业发展及就业提供政策指导、专家辅导、就业服务和后续支持。职业发展与就业指导中心可独立设置，也可挂靠在学生工作部进行指导和管理。其具体任务如下：一是在没有将“职业规划与就业指导”课程纳入专业人才培养计划的情况下，组织开设适合不同年级学生的相关课程，或灵活开展职业发展与就业指导辅导；二是帮助学生了解自身的兴趣和特长，制定适合学生个性特长和个人需要的职业准备计划；三是与学生、教师、校友、公司、社区、政府机关等校内外个人或组织保持密切联系，为学生提供经济社会发展与就业服务信息；四是组织或协助开展校园招聘与面试活动，推介毕业生；五是协助开展就业状况分析，为招生部门和教学部门提供参考；六是协助组织开展毕业生质量跟踪，为毕业生提供后续再就业服务。

5. 心理发展指导与咨询服务中心

该中心的主要职能是帮助学生排除在学习、生活或成长历程中遇到的烦恼和心理障碍，为学生提供发展咨询和心理保健服务与指导，发掘个人潜能，改善其社会适应能力，促进学生人格成长，提高学生心理健康水平。一是面向全校师生尤其是专兼职学生工作者开展心理健康知识和心理危机干预普及教育；二是针对不同年级、不同专业学生组织或协助开设相关心理健康课程、讲座（例如，面向制造类专业学生开设“企业心理学”，面向士官管理学院士官生开设“士兵心理学”等）；三是为学生提供成长和发展问题咨询服务；四是负责学校的日常心理咨询事务服务工作；五是为存在心理问题学生提供咨询和评估，转介心理问题严重的学生及时至相关医院进行心理治疗；六是针对不同学生群体组织开展团体辅导、朋辈心理辅导等；七是组织开展对突发事件或心理危机干预后相关教师或学生群体的心理辅导。

6. 勤工助学服务中心

该中心的主要职能是基于服务同学、服务社会、成就自我的理念，为家庭经济困难的学生提供勤工俭学服务与勤工助学资金支持。一是与政府机关、相关银行、贷款保证组织、社会组织、企业公司、各二级院系、学生班级、学生家长、个人捐赠人以及勤工俭学学生保持密切关系；二是建立健全包括国家助学贷款、国家助学金和励志奖学金、勤工俭（助）学、特殊困难补助、学费减免、“绿色通道”等政策的助学体系，组织相关项目的申请、资格审核和资金发放；三是开展家庭经济困难学生调查，评估学生的助学需求，提供个性化的援助方案；四是以勤工加强劳动教育，通过勤工致力于为在校学生提供各种社会实践的锻炼机会，促进学生综合素质的提高。

7. 学生校园活动指导中心

该中心的主要职能是为满足学生的成长成才需求组织设计课外活动。一是根据学生的基本素质和发展需求，组织实施高职学生文化素质教育拓展计划；二是组织、协调开展学生社团校内科技文化活动；三是在学校校园管理中心支持下，为学生课外活动提供场地使用协调和设备设施支持；四是组建校园文化活动指导教师专家库，为各项科技文化活动的开展提供指导与服务；五是总体设计、组织实施年度校园科技文化活动。

8. 学生法律援助服务中心

该中心的主要职能是为学生的合法权益提供法律支持和援助服务。一是组织开设普法课程、讲座、辩论赛活动等，教育学生知法懂法，做守法公民，并能利用法律武器维护自身的权益；二是成立学生权益申诉委员会办公室，负责处理学生申诉日常事务；三是针对有关学生的侵权事件提供法律援助服务。

9. 学生健康服务中心

该中心的主要职能是为学生的身体健康提供咨询、指导、治疗等服务。一是组织学生入学和定期（含规定性要求）体检，并对体检不合格的学生提出治疗和身体康复训练指导方案；二是开设健康课程、专题讲座等，普及卫生健康知识和生活（含养生）常识，帮助学生纠正改善不良生活习惯、改进饮食习惯，避免疾病或意外受伤；三是为生病或受伤的学生提供医疗救治服务；四是为残疾学生提供特殊支持与服务；五是协同相关部门，为学生提供体育健身指导、咨询服务。

10. 后勤服务中心

该中心的主要职能是在学校后勤服务部门的大力支持下（或将后勤服务中心直接设置在高职院校的后勤服务部门）为学生提供饮食、住宿、交通等后勤事务服务。一是进行对饮食、住宿、交通等后勤部门的总体协调和监督，开展日常管理和设备设施维修服务工作。二是定期听取学生对后勤部门管理的建议并加以改进。三是建立健全校园内食品卫生与饮食安全的监督机制，组织开展寝室文化建设和校园文明安全督察工作等。四是协调保障水电气、网络等能源供给和信息通讯。五是指导并组织学生开展自治建设，充分发挥学生自我教育、自我管理、自我服务的功能。

目前，各高职院校学生事务服务在管理运行中存在的主要问题是信息数据的共享与处理。传统的各部门建立的各自相对独立的学生信息数据系统，很多不能兼容，呈现信息孤岛现象，“谷仓效应”明显。为实现学生事务服务的高效率和多层次，应在事务服务中心（大厅）信息化建设初期，高度重视信息数据的共享，这也是图 3-3 所示组织架构能够高效运行的技术保证。可以预期，随着各高职院校校园信息化建设水平的进一步提高和智慧校园建设的完善，这个问题有望得到彻底解决。

此外，在逐步实现信息数据共享的同时，高职院校的学生事务管理运行要适应变化、与时俱进，即应建立实用便捷的学生事务网络应用平台，借助手机应用实现网上事务服务。最新调查统计表明，高职院校超过 98%的学生使用智能手机，其中 95%以上的学生使用手机QQ、微博、微信或其他社交媒体。也即网络和新媒体已经是学生主要的信息交互空间，事务服务应着力加强这些平台的开发与运用——通过创新性使用网络技术平台，推进“易班”试点，开发学生手机应用系统，在为学生提供网上事务服务的同时，激励学生通过手机平台进行网上学习。在网络管理运行中，要建立与之相适应的工作制度，建立专业化队伍进行网络管理运行与维护，避免形式化。与此同时，在网页设计、宣传策划、工作流程、办事指南、生活安全提示、学习及娱乐网站链接等栏目的设计中，充分使用学生喜闻乐见的图形图像语言，使高职学生易于理解、乐于使用，拓宽服务面向，提高服务效能。

（六）控制机制

构建科学、全面、有效的控制系统，既是学生事务服务工作有效运行的根本要求，也是学生事务服务工作走向科学化、民主化、人性化、规范化、专业化的需要。但在实际工作中，无论制定计划时考虑得如何周密，也很难保证决策运行万无一失。在执行计划过程中，执行人员理解偏差导致的误差、外部环境的变化、学生主体等因素，均可能会使执行的计划偏离预想轨道。因此，在服务型学生工作模式的各个环节需要实施监督与控制，使学生工作的决策者能及时发现偏差，并采取有效的措施予以纠正。

高职院校的控制机制以既定的技术技能人才目标为标准，对学生工作的具体工作实效和业绩进行诊断与衡量、改进与修正，以确保人才培养计划得以有序推进、人才培养目标得以顺利实现。研究认为，控制机制一般由预警、监督、评价、反馈和激励五个方面机制组成。这里，预警为前馈控制，并以未来为取向，利用实时的信息进行预测，再把预测与预期目标进行比较，以切合实际地修订计划；监督为状态控制，是指不同层次的管理层对正在开展的工作或活动给予指导与督促，以保证工作或活动按规定的政策、流程和方法进行；评价和反馈则是将活动效果与目标进行比较，并根据出现的问题或偏差进行纠正，以及制定纠偏方案并加以执行，以达到预期的目标；激励则是通过物质和精神奖励以调动工作人员工作积极性、提高管理与服务效能的制度性设计，旨在多快好省地达成或接近达成既定目标。同时，以上五个方面控制机制的效果只有与学生工作激励约束机制相衔接，才能持续保证学生事务服务工作控制机制长期有效运行。

1. 控制机制之一：预警机制

预警机制一般指基于危机管理的思想理论和方法论所建立的预先发布警告制度。通过及时提供警示的机构、制度、网络、举措等构成的预警系统，实现信息的超前反馈，为及时布置、防风险于未然奠定基础。学生事务服务工作预警机制要在以人为本、以学生为本的设计理念指导下，对学生的思想、心理和行为方式等进行迅速地发现、剖析、判断与反应；认识发展规律，预测变化趋势，及时识别潜在的和现实的危机因素，发布预警信号；通过学校、学生、家长和社会之间的多方沟通与协作，采取防范措施，阻止危机的发生，从而增强服务型学生工作的主动性和实效性，提高工作的预见性和前瞻性，促进工作的针对性和科学性。

（1）服务型学生工作预警系统

基于“以学生为本位”的理念和服务理念的服务型学生工作，涉及学生在校学习期间的方方面面，相应地，高职院校学生工作预警系统也要涵盖这些方面。根据目前高职院校学生从入学到毕业全过程所涉及的事务工作内容，广义的预警系统及领域应包含以下几个方面的内容：

一是招生预警。既要确保高校招生工作的公开、公平和公正性，又要确保高职招生的基本数量和质量，并对招不到学生、招不满学生的专业进行必要的预警、筹划、预案和调整。

二是学生系统工作状态预警。对学生工作者进行工作状态预警，在学生工作方法、内容出现不适应，工作人员状态表现不到位，工作成效欠佳时，从学生工作的管理制度、工作流程、工作方法、工作体系等方面查找产生问题的根源，制定整改措施，以便及时弥补工作中的失误和不足之处，使各项学生工作更加规范、更加到位。

三是人身财产安全预警。它包括两个层面：一是现实的层面，即保证学生的生命、财产免受伤害；另一个是认知的层面，即教育学生通过对环境的认知来判断自己的生活环境是否安全，提高防范意识。

四是学习预警。加强对高职学生学习过程的管理，及时地了解学生的学习状况，并针对性地实施帮教工作。

五是学生生活状态预警。对高职学生内在的生活观念和外在的行为活动进行日常生活信息的收集、观察、分析、预测和判断，在此基础上对学生进行学籍预警、学费预警、消费状况预警、行为规范预警、公德预警、休闲生活状态预警、人际关系预警等。

六是心理问题预警。它主要是在针对心理存在问题的学生进行分析、研判基础上的预警，包括情绪预警、学习预警、人际交往预警、生理预警、家庭环境预警等。

七是网络舆情预警。网络舆情是指互联网传播的某些热点、焦点问题中有较强影响力、倾向性的言论和观点所引发的各种类型的网络危机事件。网络舆情预警主要是为网络环境下的思想政治教育而设立的预警，涉及危机事件的判断标准和预警方案、第一时间采集及汇总互联网上的相关信息、与舆论危机处理相关的政府部门保持紧密沟通并建立信息沟通机制等。

八是就业预警。它为进一步完善毕业生就业指导体系、预测一定范围内未来的就业状况提供帮助，包括政策预警、市场预警、思想动态预警、专业设置预警、人才培养预警等。

（2）服务型学生工作预警系统的层级关系

预警系统可分为内警系统和外警系统两种。内警系统是自警、自查、自省、自纠和自我完善的过程，是一种自我约束自我调整的运行过程。内警系统的运行取决于工作对象自身的思想素质和自律意识。外警系统按照"发现问题—识别问题—处理问题"的机制运行。在开展学生事务服务工作过程中，要根据标准，结合实际，合理划分警情等级。充分利用现有体制机制，建立多层次、多渠道的信息收集制度，即通过学校、院（系）、班级（宿舍）三个层级随时了解学生的思想动态，为学校决策部门提供真实有效信息。组织专家对预警信息进行评估、判断和决策，分析预警方案，讨论并形成最终实施方案。

2. 控制机制之二：监督机制

监督机制通常是指保障公共权力合法运行，维护社会公正民主程序的各种监督手段和方法。学生事务服务工作监督机制是指按照预定的工作计划和目标，对整个学校学生工作计划的实施过程及其结果进行督查、调控、考核、反馈、问责、追究的工作制度。高职院校相关部门通过对学校学生工作运转情况的监测获得各种信息，进行调查研究、比较分析，提取其中的有效信息，再将其信息反馈给相关部门。而学生事务服务工作控制系统则是对学生工作实施“再监测—再评价—再分析—再反馈”，进而形成一个螺旋递进诊断与改进完善的控制过程。

（1）学生事务服务工作监督机制的内容

按照学生事务服务工作的内容，其监督系统一般应包括：

一是招生工作监督。该项监督关注的是招生宣传与招生数量和质量的达成度，分为学校监督和招生工作部门的自我监督。

二是就业工作监督。该项监督关注的是就业指导与就业推荐工作以及毕业生的就业质量，主要包括对学校职业发展与就业指导中心的监督和对院（系）就业工作的监督。

三是团学工作系统内部的监督。该项监督关注的是团学工作系统内部各层级之间的工作配合和相应职责的落实情况，主要包括对团委和学生工作部门的监督以及对院（系）团学工作的监督。

四是对团学工作队伍的监督。该监督由学校组织部门和团学工作部门、院（系）共同负责实施，主要包括对从事团学工作的干部的监督，对院（系）团学工作负责人的监督和对辅导员、班主任等专兼职学生工作人员的监督。

五是安全工作监督。该项监督关注的是学校稳定和学生生命财产的安全，主要包括对学校校园环境和安全稳定工作的监督以及学生人身、学习生活及成长安全的监督。

六是日常思想政治教育监督。该项监督关注的是日常思想政治教育计划的制订、实施和效果，主要包括对日常思想政治教育工作、网络思想政治工作、课内外思想政治工作和学生班团主题活动开展情况的监督等。

七是心理健康工作监督。该项监督关注的是心理健康教育工作及其效果和学生心理健康状况，主要包括对心理健康教育工作的监督、对心理咨询工作的监督和对心理危机干预工作的监督。

八是学生日常管理工作监督。该项监督关注的是学生的日常学习生活和行为，包括学籍状态监督、学习生活常规状况监督、学生行为习惯及纪律监督、勤学助学工作监督。

九是校园活动监督。该项监督关注的是校园科技文化体育活动的内容、主题、方式和活动效果，主要包括对学生社团的监督、对学生社会实践及实习活动的监督、对各类校园科技文化活动的监督。

（2）学生事务服务工作监督系统的层级关系

监督系统涉及制度和人员两个层面。制度层面的监督主要是通过规章制度的形式规范并限制学生工作系统相关人员的行为。在层级方面，制度监督包括了战略监督制度、管理监督制度、活动监督制度等；在内容方面，制度监督涵盖各种相关工作的监督（例如对招生、助学工作等方面的监督）。人员层面的监督主要是对从事学生工作的相关人员在制度框架下所开展工作行为的监督。与普通高校类似，高职院校学生工作监督系统是一个综合、内外衔接、纵横协调的立体监督网络，其在校内包括学校、学校职能部门、二级院（系）的各类监督，在校外有政府、教育行政部门、学会（协会）、相关行业企业、各种社会中介组织的监督等。对高职院校学生事务服务工作人员及其工作系统内部管理行为实施的监督至少包括上级教育行政主管部门的监督、学校举办方的监督、学校自身的监督、学生的监督、合作企业和社会的监督等几个层面。

3. 控制机制之三：评价机制

首先需要明确：评估一般是指依据某种目标、标准、技术或手段，按照一定的程序对相关信息进行分析、研究，判断其效果和价值的一种活动，是对某一事物或其产生的结果进行预测、定性定量分析说明和评价的过程。评价则是运用评价标准对事物的准确性、实效性、经济性以及满意度等方面进行量化或非量化评估，进而得出可靠且具有逻辑的结果，是一个价值判断的处理过程。通常所谓的评价机制一般是指评价主体间各种关系的总和，包括评价的内容、评价的标准、评价的方法等。学生事务服务工作评价机制是学生事务服务工作向系统化与科学化发展的一种形式，是一种基于评价过程的学生事务服务管理的动态体系，并在学生事务服务管理过程中发挥着基础性作用。学生事务服务工作评价作为高校学生工作的基本要求和基本环节，主要是指对高校学生工作的质量进行科学的调查和判断，以便学生工作者及时总结工作经验，诊断问题，改进学生工作的方式方法，从而实现理想的管理与教育目标。同时，评价也为学校其他各项工作开展提供了可靠的决策依据，通过比较、考评，强化质量、竞争、创新意识，有利于形成积极向上的工作氛围，增强工作的实效性，提高工作人员的积极性，促进学生事务服务工作质量的提高。

（1）学生事务服务工作评价系统建立的原则

为增强学生工作评价的准确性、有效性和科学性，防止并克服评估过程的主观性和随意性，学生事务服务工作的评价机制应坚持动态性和开放性原则，系统件和可操作性原则，多层次、多角度、多主体、多渠道和灵活性原则，共性因素和个性因素五个方面的原则。

（2）学生事务服务工作评价系统的层级关系和方法

一是评价的层级。包括教育行政主管部门对各高校学生工作总体情况的评估，主要由教育部或省市教育行政主管部门组织进行；第三方评价，一般由社会中介机构或第三方组织进行；学校自我评价，由学校职能部门对全校各相关部门和单位开展全员育人情况评估。

二是评价的方法。评价方法是评估和检验事物时应遵循的程序、途径和办法，按照功能和作用可以划分为定性、定量两类。其中，定性的方法主要有系统分析法、比较分析法等；定量的方法主要有目标管理法、数量化评价法等。对于服务型学生事务服务工作的评估方法，定量考核更客观、更直观，定性考核更主观、更模糊。在学生事务服务工作评价过程中，要把定性和定量考核有机地结合起来，以定量考核为基础，以定性考核为依据，既要注重对学生工作各种定量信息的收集、整理、分析，又要进行定性的判断，做到量与质的有机结合和统一，确保评价指标全面贯彻与落实，推动服务型学生工作评价科学、高效地开展。

（3）服务型学生工作评价的种类

首先，高职院校人才培养目标是服务型学生工作评价的主要依据。其次，学生工作评价涉及多个层面，需要将高职教育的根本任务与育人目标层层分解，构筑一个完整、系统、科学的评估指标体系。

服务型学生工作评价有以下有两种分类方法，多个类型。

一是按照评估主体的不同，学生事务服务工作评价可以分为三种类型。第一类，教育行政主管部门对高职院校的评估，主要由国家或省市教育行政主管部门，围绕立德树人根本任务，根据有关文件，依据一定的标准，制定学生工作评估指标体系，组织力量对高职院校的学生工作现状进行评估。第二类，社会中介机构或第三方组织根据管办评分离的要求，明确评价内容、建立评价标准、选择评价方法，面向高职院校专项学生事务工作进行评估。第三类，不断完善、持续改进理念的高职院校的内部自评，涉及两个层面。一是学校对二级院（系）学生工作的评估。按照教育行政部门对高职院校学生工作的总体要求，结合高职院校专业人才培养目标实际，制定切实可行的评估指标体系，对二级院（系）的学生工作进行评估。二是各二级院（系）对学生班级或学生个体进行评估。二级院（系）结合学科专业（群）及专业人才培养特点，针对学生个体实际情况，制定符合二级院（系）特点的学生工作评估指标体系，对学生班级、学生个体进行评估。

二是按照评估内容不同，学生事务服务工作评价大致可以包括以下几种类型。第一类，德育工作评估，也即思想政治工作评估，主要评估大学生的教育教学、日常教育管理服务以及校园活动育人情况，包括思政课程和课程思政教育、日常管理服务、心理健康教育、学生党建工作、资助工作、学风建设、宿舍管理、组织育人和服务育人等。第二类，团学工作评估，主要评估共青团和学生会工作的开展情况，包括共青团和学生社团的思想教育、素质拓展、校园文化、科技创新、社会实践、团的自身建设等。第三类，学生就业工作评估，主要对接受高职教育学生的职业生涯规划、毕业生就业指导与就业工作进行全方位的评估，包括机构建立、课程设置、市场开拓、就业指导、就业率、就业质量、就业单位意见反馈、毕业生发展与成长状况等。此外，高职院校还可以就学生工作的某一方面的内容进行专项评估，如日常事务管理评估、心理健康教育评估、资助育人评估、创新创业评估、学生成长发展指导评估、课程思政教育评估等。

4. 控制机制之四：反馈机制

理论上，反馈机制包括正反馈和负反馈。正反馈是指受控部分发出反馈信息，促进或强化控制部分的活动。正反馈会使系统更加偏离平衡位置，不能维持系统的稳态。负反馈是指受控部分发出反馈信息，抑制或弱化控制部分的活动。显然，要使系统维持稳态，需要负反馈机制（以下简称反馈机制），即通过自身的功能以减缓系统内的压力。反馈控制又称事后控制，意在避免下一次活动发生同样的问题。因此，反馈系统需要与监督系统紧密结合，做到沟通顺畅、信息共享。对于学生事务服务工作而言，服务型学生工作作为一个多层次、多维度的系统，要使学生工作系统的决策及其内容、方式、方法能够对外界环境和内部结构做出有效的反应，就必须了解工作评估后的反馈信息；根据反馈得来的信息，诊断分析，排除干扰，修正系统出现的偏差，调节各系统之间的关系，并将这些反馈信息经过加工处理后再反馈给学生工作系统，为服务型学生工作系统做出符合实际目标的、稳定的、有效的科学决策和改进。

（1）服务型学生工作反馈系统的类别

服务型学生工作反馈系统的类别包括：招生工作反馈、学生工作系统内部反馈、网络思想政治工作反馈、安全稳定工作与舆情反馈、学习情况的反馈、学生心理问题反馈、学生状态反馈、就业反馈等。

（2）服务型学生工作反馈系统的对象

完善的学生工作反馈系统的对象涵盖了高职院校学生工作的各个层面及合作育人企业相关人员，即学校上级主管部门、学校和合作企业领导、学校相关职能部门与二级院（系）、专兼职学生工作者、学生与学生家长、合作企业及用人单位、学生组织等。此外，要充分发挥社会的反馈功能，将服务型学生工作从校内向校外延伸，如通过节假日和假期组织学生参加社会实践、专业实习、志愿者活动等，将用人（活动）单位监督考核的反馈结果作为测评学生表现及开展服务型学生工作的重要参考。

5. 控制机制之五：激励机制

激励机制一般是指通过特定的方法和管理体系，将员工对组织及工作的承诺最大化的过程。它涵盖诱导因素、行为导向、行为归化等方面内容的激励机制，包括有精神激励、薪酬激励、荣誉激励、工作激励等，是在组织系统中，激励主体运用多种激励手段与激励客体相互作用、相互制约的结构、方式、关系及演变规律的总和。学生事务服务工作的激励机制，是促进学生工作者不断完善自我并持续提高个人素质、调动工作积极性、提高学生管理质量与服务水平的有力杠杆。建立完善的学生事务服务工作系统激励机制，既是夯实服务型学生工作的基础，也是保证学生工作效果，激发学生工作各方创新活力的重要举措。

（1）学生事务服务工作激励系统的建立

高职院校建立的激励系统应对学生工作的开展具有明显的导向性和行为归化功能。一般情况下，可根据评估考核的标准要求，在审视定量与定性评估结果的前提下构建科学的激励约束体系，并以正面激励为主，激励与约束相结合，做到奖罚分明，充分调动工作的主动性、积极性和创新性。

一是激励机制的基本构成。激励通常以利益型和精神型两种为主。利益型激励主要是指对经济利益和政治利益的有效激励和满足（如薪酬、福利、职务晋升、奖金等）；精神型激励主要是指通过给予精神支柱、知识需求、道德规范、荣誉激励、目标导向激励等，以此来增强学校的凝聚力和向心力，激发学生工作者的自觉性和主观能动性。

二是激励机制的建立和运用。为使学生工作激励约束系统得以有效运行，要以人为本，把学生的满意度和学生工作者的需要作为激励机制建立的出发点和落脚点。要及时、全面和准确地进行信息沟通，将信息沟通贯穿于激励机制与约束运行的始终。要将学校的育人目标与学生工作者发展目标相统一，这是激励机制长效运行的保证。合理性、针对性是激励约束机制实施的现实基础。

（2）学生事务服务工作不同层级的激励机制设计

一是上级部门的激励机制。教育行政主管部门根据学生工作评估结果对学生工作的阶段性成果、学生工作的相关研究以及学生工作系统、专兼职学生工作者队伍进行激励。主要激励的途径：荣誉激励，主要是对优秀学生工作者的行为予以表彰而采取的一种激励方法；目标激励，主要是为学生工作者设置一定的工作目标，通过目标实现来调动和发挥他们的积极性。此外，还有榜样激励、竞赛激励、物质激励等。

二是对校内外“全员育人”突出贡献者的激励。建立完善的“全员育人”激励机制是充分调动校企协同育人各方相关人员积极性、主动性，开发人才潜能，增强全员、全程、全方位“三全”育人工作凝聚力的重要举措。为此，政行校企各方，尤其是高职院校校内教学、管理、服务育人各部门的全体教职工，要守正出新、多措并举、积极探索，通过搭建学生工作创新发展平台（如组建学生工作创新群体、设立学生工作专项基金、创设学生工作发展基金等）、提高学生工作队伍的待遇、拓展从事学生工作者成长发展空间、优化校内外育人环境等措施进行“刺激”和激励，促进政行校企各方建立健全协同育人机制，促进更多的优秀学生工作者成长、校内外导师队伍建立，形成校内外协同、老中青及专兼职结合的强有力的学生工作队伍。

特别地，高职院校学生工作各部门和组织要从内部管理制度、工作程序以及工作效率等方面建立健全内部激励机制，规范学生工作部门的管理，促进学生工作部门教育、管理和服务水平的提升。二级学院（系）要结合各自的实际，制定和完善内部管理制度及奖励制度，加强对专兼职学生工作者、辅导员和班主任的日常管理和考核激励，确保学生工作运行通畅，对学生的教育、管理、服务到位，促进从事学生工作的专兼职学生工作者的成长发展，从而有效地保证学校人才培养目标的实现。

（七）考核评价机制

作为管理运行的重要组成部分和内容，需要建立并不断完善学生事务服务考核评价机制。根据高职院校学生事务服务工作特点和岗位工作要求，参照图 3-1（我国高校学生事务服务组织结构）所示标准化模式的组织架构，在学生服务专门人员的考核评价方面，可采用目标管理法和评分表法相结合的方式开展：对专业工作人员（指导老师）的考核，宜采用目标管理法，侧重以结果为导向的绩效评价，每人都有明确的若干具体指标，这些指标是其工作有效开展的关键目标；对参加服务工作的学生的考核，宜采用评分表法，列出一系列绩效因素，如工作的数量与质量、出勤、工作完成率、团队合作性以及创新能力等，然后按一定分值逐一进行定性和定量相结合的评分；对部门的考核可主要采用学生信息反馈与抽样调查的方式进行，即请接受事务服务的学生进行满意、基本满意、一般和不满意评价，综合考虑学生实名或匿名信息意见以及通过学生座谈、学生访谈、抽样学生约谈获得的信息。

（八）拓宽事务服务项目机制

通常，开展事务服务项目越多，越能够为学生提供更多的服务。从国外高校学生事务服务项目设置来看也符合这一理解——以美英为代表的发达国家高校学生事务服务项目众多，几乎覆盖了学生在校学习生活的方方面面，成为学生完成在校学业的保障，同时也是考核学生课余活动的重要依据。

据不完全统计，我国高校中的学生事务超过 100 项，但行政机构设置决定了大部分学生事务服务事项只能由相关行政职能部门完成，从某种程度上讲，这也与我国高校的“行政化管理”现象有关。现代大学的发展趋势决定了学生事务服务在高校教育管理体系中居于非常重要的地位，因此，一所高校学生事务服务项目的发展也体现了这所学校教育管理理念与水平的高低。虽然，我们不可机械地以高校提供学生事务服务项目的多少判断服务的优劣，但作为培养高素质技术技能专门人才的高职院校，应立足高职学生一般性事务服务，着眼学生未来发展的需要，积极拓展学生当下重要的、切身相关的事项，如社会实践开展、素质拓展管理与服务、创新创业指导与服务等，并在此基础上进行项目优化整合，凸显学生事务服务的有效性、时效性和发展性。

需要特别指出：高职院校在对学生提供事务服务的过程中，要潜移默化地加强对学生进行规范意识和服务意识、职业意识和职业态度、职业素养的培养与养成教育，使学术事务中培养出来的职业技能与职业精神养成有机结合，进而促进高职学生综合素质的提高。

【 第4章 】>>>>

学生事务服务的实践探索

实践是人类自觉自我的行为，是主观见之于客观（包含客观对于主观的必然以及主观对于客观的必然），是人们能动地改造和探索现实世界的一切社会性的客观物质活动，也是检验认识科学性、真理性的唯一标准。没有实践就不会有认识，不理解实践也不能正确理解认识。认识源于实践，实践是认识的目的，人们通过实践改变现实以更好地满足人的需要，因此需要在正确认识事物的前提下，通过实践加以验证，进而发展对事物的进一步认识。对学生事务服务工作的探究亦是如此。

一、成都航院学生事务服务的早期实践

1. 筹　建

早在2011年，为更好地服务学生，学校即着手“学生事务服务中心”（以下简称“中心”）的筹建。分管学生工作的主要领导先后赴美国、英国、中东欧国家以及十余所国内高校进行调研学习，组织学工系统人员对国内外高校关于学生事务服务方面的文献进行了初步的分析与研究，比较生源差异、校园文化、校园环境等方面，认清学生事务服务的本质，在遵循规律和发现不同中明确设立中心的目标。

2. 挂　牌

2012 年 12 月，学校正式挂牌成立了“学生事务服务中心”。中心借鉴了国外高校“学生事务服务大厅”模式及国内本科院校所提出的学生事务“一站式服务”理念，在工作目标取向上着眼于转变学生管理工作理念，彰显“育人为本，服务为先”思想。在工作性质定位上确定为以学生工作部为牵头单位的学生事务咨询服务中心，旨在为学生提供除纯粹学术事务之外的所有学生事务的咨询服务机构，为广大学生提供方便、快捷、高效的咨询和现场服务。

3. 试运行

中心成立并开始运作之后，根据学校学生事务服务的实际情况，我们从工作内容划分、工作时段分割入手，拟订了中心相关运行与管理、考核与保障等方面的制度和管理办法，制订了中心的章程和运行方案。同时，在学生事务服务具体实践中不断修正和完善，改进工作方式方法。中心正常运行以来，学校学生事务工作由事务管理向事务服务转变的观念逐渐深入人心，上至学校党委、行政，中至学生工作职能部门和二级院系，下至所有直接面向学生的工作人员，都认识到在引导学生成长成才、促进学生全面发展的道路上，传统机械的、高高在上的管教式学生事务管理远不如温馨服务来得“春风化雨”。

需要提及的是，学校学生事务服务中心成立初期，由于工作内容单一（只限常规学生事务），事务处理程序单一（只限电话回访），服务类型单一（只限咨询服务），工作时段单一（每天只有下午晚饭前 4 个小时），没有充分考虑高职学生个性化需求特点以及合作参与服务成员单位（教务处、保卫处、后勤服务总公司、团委、就业指导中心等）工作性质与方式，在一定程度上导致部分接受服务学生产生烦躁感，致使前来中心接受服务的学生总量出现下降趋势。

二、学生事务服务工作阶段性成果

在已有的依托学生事务服务中心为学生提供事务服务工作的基础上，本书以成都航院为实践基地，对高职院校学生事务服务的工作模式、服务者队伍建设，以及学生事务服务工作机制等进行了实证研究，形成了以下阶段性成果：

（1）基于《国内外高校学生事务服务的比较研究与启示》(《成都航院学报》2014年第4期)、《我国高校学生事务内涵解析与工作模式研究》(全国中文核心期刊《学校党建与思想教育》2016年第5期下半月）和《创新高职院校学生事务服务整体机制的研究与探索》(《成都航院学报》2016年第2期）研究成果的应用，成都航院建构了适应高职院校学生特点的学生事务管理服务主导模式；学习借鉴扁平化的学生事务服务组织架构，改进了线性的“一站式”服务模式，成立了以分管学生工作的校级领导为主任、学生工作部部长为副主任、各二级院系和相关职能部门领导参加的学生事务中心工作组织；建立了“总分总”的学生事务服务工作站——“‘一站式’事务服务大厅+专项服务中心”——既有相对集中的学生事务服务大厅，也有功能专一的分散型的后勤事务服务大厅、学校体委领导下的学生体育运动服务中心、学生心理健康咨询辅导中心；确立了行之有效的服务理念与践行机制、扁平化组织架构机制、制度设计与保障机制、管理运行机制、考核评价机制和拓宽事务服务项目机制，验证了这些机制的理论正确性和实践必要性。

（2）适应学生事务管理服务主导模式运行以及有效服务学生的需要，成都航院制订修订了与之相配套的系列学生事务服务工作制度（学生事务服务中心章程、学生事务服务中心学生工作团队管理办法、学生事务服务中心工作团队规章制度、学生事务服务大厅规章制度、学生事务服务大厅服务指南、学生事务服务大厅工作模式改进方案等），为有效开展学生事务服务提供了制度保障。

（3）适应技术进步出现的学生事务服务的新要求，配套研发成都航院学生事务服务手机客户端应用平台——“学生事务服务中心 APP1.0 Beta 平台”，同步建立微信公众号学生事务服务网上服务平台。目前，学生事务服务手机客户端应用平台和微信公众号学生事务服务网上平台已经投入试运行，在线学生上千人，反响良好。

（4）学校学生事务服务中心从成立至今，已服务学生四万多人次，共计开展主题帮扶活动 100 余次，潜移默化地加强对学生进行规范意识和服务意识的培养与养成教育，使学术事务中培养出来的职业技能与职业精神养成有机结合，促进了学生综合素质的提高。

（5）基于“高职院校学生事务服务的机制研究与实践”课题的研究，共形成论文 3 篇，其中一篇被全国中文核心期刊《学校党建与思想教育》收录，在昭示其学术价值和学术影响的同时，也为众多同仁所关注，甚至此 3 篇论文先后被数百次下载和引用，其所产生的影响应是很广泛的。

（6）基于本课题“高职院校学生事务服务的机制研究与实践”的研究报告，在第 16 届中国西部国际博览会·2016 年四川省职业教育学术论坛上荣获四川省哲学社会科学重点研究基地、四川省高校人文社会科学重点研究基地——四川高等职业教育研究中心首届科学研究优秀成果二等奖（全省共申报成果近 200 项，共评选一等奖 3 项、二等奖 6 项、三等奖 18 项）。

三、网上服务平台的构建——以微信公众号为例

（一）学生事务服务网上服务平台的必要性

1. 实体大厅服务时段受限

实体大厅受学校工作时间所限制，既不能满足 24 小时“全天候”

服务需求，且工作时段多与学生上课时间重合。此外，传统的“一站式”实体服务大厅受制于学生办事频率的不确定性——有时办事站点人流涌动，工作人员来不及办理；也有时门可罗雀，工作人员闲置，造成人力资源的浪费。学生事务中心网上服务平台的设立，在时间上是对实体平台的补充，学生随时都可以给后台工作人员留言，畅通及时上报问题的渠道。对于工作人员来说也更为灵活，只要保证 24 小时内处理即可，无须定点定时。

2. 实体大厅服务空间受限

实体的办事大厅受空间限制，只能在固定地点办公。高校扩招以来，全国各高校基本上都实现了校园面积的迅速扩张，许多高校不止一个校区。新校区的建立及后续多校区运行，为学校管理带来机遇和挑战：各个校区学生办事大厅信息共享困难、标准不统一的问题日渐突出。学生事务中心网上服务平台的建设是实现多校区联动的最可行方法之一。此外，在实体大厅，一位工作人员每次只能服务一名学生，不能批量处理事务，工作效率较低。

3. 实体大厅服务项目受限

在实体大厅，要增加新的服务项目就必须增开窗口，而办公面积又有限，且新增窗口需要安排工作人员提供服务，增加了人工成本。利用网上服务平台，增加服务项目只需要添加相应的模块，把相关数据发送给负责部门即可。此外，目前各高校的实体学生事务办事大厅由于宣传手段有限，多以事务性工作为主，学生思想政治教育方面的工作非常少。通过事务服务所开展的思想引领工作只能通过有限的纸质宣传栏来实现，效果甚微。而网上服务平台由于其空间是无限的，可以及时、高效且低成本地传播正能量和新思想理念。

4. 实体大厅部分服务效能受限

一些学生事务服务项目做不到只让学生跑一次。实体学生事务大厅秉承着“一站式服务”的宗旨，大部分业务可以当场办理，但有一些证件、证明办理类的业务，必须加盖机构公章，无法当场办好（如学生证的办理），学生要带上有效证件到学生事务大厅申请办理，相关工作人员核实学生身份后需要前往他处加盖钢印，而后再通知学生前来领取，这样的工作流程至少需要学生跑两趟方可办结。

5. 网上服务平台更符合现代大学生的心理

在信息时代，高校学生已经习惯于通过网络获取各类资讯。因此，学生事务“一站式”服务需要被赋予新的时代内涵——注重服务的网络化和信息化。以某些仅限于校内的审批为例，网上服务平台一方面可以让学生不必满校园跑很多部门去签字盖章，这样既节省时间，同时也提升了学生对教育行政管理服务的满意度。另一方面，像心理咨询、就业创业咨询等涉及个人隐私的服务预约，如果采用传统的电话预约或者上门预约方式，学生出于保护个人隐私的考虑，可能就会放弃咨询；但如若通过网上服务平台来预约心理咨询或者就业创业咨询，则会更容易为当代大学生所接受。

（二）“全方位育人”网上服务平台运营方案探索

高校网上办事服务模式主要通过扁平化的信息资源索引体系、各职能部门横向间的信息资源导航体系以及一站式的信息数据共享集成体系等，把分散在学校各职能部门、各二级院（系）的信息资源合理整合，再通过网络向学生提供主动、引导式的信息服务模式。随着信息技术的发展和校园信息化建设水平的提高，高校学生对服务部门不断提出更高的要求，因此，学生事务中心网上服务平台应从传统的信息窗口转变成“全方位育人”网上服务平台。这个网上服务平台不仅是一个事务通知的渠道，更是网上办事大厅、师生的交流平台，甚至是思想教育的阵地。学生事务中心网上服务平台架构如图 4-1 所示。

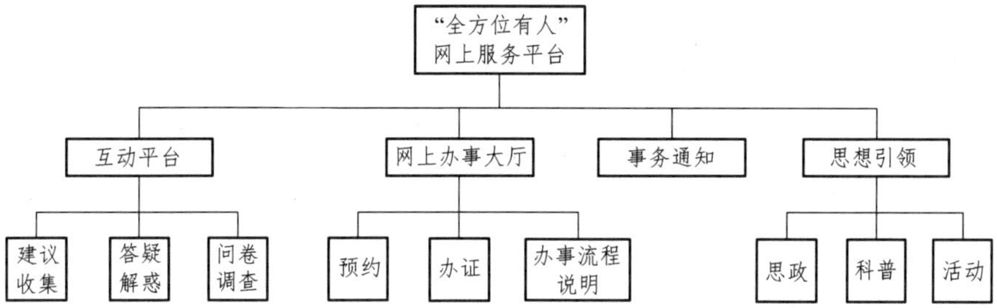

图 4-1 学生事务中心“全方位育人”网上服务平台架构

1. 事务通知

学生事务中心是一个校园信息聚散区，中心办公室要收集、整合校园内外与学生息息相关的学习、生活服务类等方面的信息，在事务中心微信公众号中发布。学生可以随时随地了解校园中最全面和最新信息。这有效解决了学生面对不同信息发布平台不知该信任谁的尴尬。这样，学生获取信息的方式就变得可靠、及时、有效。而且通过事务中心运营团队精心编辑后的通知，更为直观生动，不仅更能为现代大学生所接受，而且在多校区办学的情况下，也是最快捷、最便利的通知方式，节省了大量的人力、物力。

2. 网上办事大厅

目前，政府部门的政务大厅服务力争做到让市民“只跑一次”。类似的，高校的网上办事大厅也要解决“白跑”“错跑”和“多跑”问题。鉴于网络平台不像实体大厅受空间限制，因此高职院校乃至所有高校都可根据本校的实际情况，添加各种模块来满足学生的需求。以下就几个代表性的事例说明如何通过学生事务中心网上办事大厅解决学生“白跑”“错跑”和“多跑”问题。

（1）失物招领功能。对于学生中经常会发生的遗失物品事件，可通过网上“失物招领”模块，配合线下实体大厅一起加以解决。学生事务中心的工作人员会定期将新增的遗失物品信息、失物招领发布于微信平台上。遗失物品的学生可以通过中心工作人员发布自己遗失物品的信息，之后可先在平台上寻找是否有疑似自己丢失的物品，如果有再到事务大厅认领，很大程度上避免了“白跑”的现象。

（2）资讯中心功能。学生事务中心网上服务平台虽然无法涵盖所有的与学生有关的事务，但网上平台可成为资讯中心。比如学生办理退学手续，需要学生本人、家长、学校等多方交流沟通并认可签字后才能办理，无法像其他事务性工作一样在学生事务中心“一站式”地完成。对类似学生事务，学生事务中心网上服务平台可通过发布详细的办事流程，让学生了解全过程，避免出现跑错地方、找错人，也使学生不会对严格规范的流程产生心理抵触。

（3）预约功能。通过预约功能使学生更了解校园内的公共设施资源和教师资源，并能够更好地利用这些资源帮助自身成长成才。比如有创业梦想的大学生可以在服务平台上了解本校创业学院师资情况，并预约与创业导师进行面对面交流学习。

（4）便捷功能。“多跑”是传统实体高校学生事务中心面临的一大难题。借助网上服务平台，这一难题可以得到解决。例如，在校大学生市民卡的办理，在传统实体办事大厅的运行模式下，学生至少需要跑两趟：第一趟来事务大厅填写并递交申请表、身份证复印件以及一寸照片；办卡机构带着这些资料办卡完毕后通知学生再次来到事务大厅办理领卡和市民卡激活。但如果借助网上服务平台，第一步申请办卡的所有资料都可以通过网上平台填报，之后汇总到办卡机构，学生只需在制卡完毕后来事务大厅领取并激活即可。通过网上平台设置必填项目，可以避免申办学生漏填漏报，大大提高了申办效率，也提高了学生的满意度。

3. 互动平台

在网上服务平台中植入互动平台功能，既是顺应互联网时代发展需求的体现，也是尊重当代大学生沟通习惯的必然选择。在构建互动平台的时候，可以聚焦以学生为中心的思想，拓宽思路，多方考虑，以满足新时代大学生的参与需求和倾诉需求。

（1）建议收集。当代大学生的人际交流特点是虽不善于口头表达和面对面交流，却又迫切想表达自己的诉求。因此，在网络这个虚拟空间里他们能更顺畅地表达自己的想法。作为教育工作者，可以利用留言互动功能实时了解学生的思想动态，并对他们的负面情绪及时进行疏导。同时，也可以根据留言建议，不断完善中心服务功能。

（2）答疑解惑。鉴于网上服务平台已设置项目可能无法解决学生的所有问题，因此有必要设置答疑解惑模块，作为其他模块的补充。

（3）问卷调查。该模块可借助“问卷星”等第三方平台来实现。问卷调查的发起人可以是多方面的，只要不带有商业目的：事关学生切身利益的校内办学主体可以委托本平台发起问卷调查；校内职能部门可以通过调查问卷了解学生的动态并进行相关工作的改进；本校老师做学生工作方面的教育教学研究时，也可以使用本平台问卷调查功能收集数据。此外，还可通过调查问卷形式宣传公益知识，如国家宪法日对增强宪法意识、弘扬宪法精神、加强宪法实施的宪法知识问答；世界艾滋病日组织“艾滋病相关知识了解程度”的问卷调查等，以达到宣传、教育、促进的效果。

4. 思想引领

网上服务平台一般都与学生事务性工作联系在一起，其思想引领功能很容易被忽略。其实，作为拥有大量“粉丝”的学生事务中心微信公众号，我们应该且有能力将其打造成一个极具影响力的思想教育阵地。

（1）思政教育。高校思想政治工作关系到高校培养什么样的人、如何培养人以及为谁培养人这个根本问题。思想政治教育是高校立德树人最关键的环节。但传统的以说教形式呈现的思政教育往往比较枯燥，不易为学生所接受。而运用微信推文实施思政教育时，可以用活泼的语言，图文并茂地传达严肃的思想。特别是在一些重要的时间节点，比如国庆、建党、建军纪念日等进行相应的宣传，提醒快餐文化下成长的大学生们勿忘历史、牢记初心使命，可以达到传统宣传教育难以达到的效果。此外，还可以在诸如春节、元宵节、清明节、端午节、中秋节、重阳节、冬至节等传统节日宣传中华传统优秀文化、传统美德。

（2）科普知识。科普知识模块是拓宽学生视野的第二课堂。这个模块可以推送生活和安全小常识、文化礼仪小知识、最新科技等学生应知应会和可能感兴趣的科普知识。

（3）活动公告。除了通过该模块宣传、通告学校及其他相关部门的重大活动以外，还可以组织学生事务中心自己的小活动，做到线上线下互动，吸引更多本校师生“粉丝”。

四、其他高职院校的学习、推广与应用

近年来，南京信息职业技术学院、常州机电职业技术学院、湖南铁道职业技术学院、西安航空职业技术学院、乐山职业技术学院、成都工业职业技术学院等 30 多所高职院校同仁莅校参观、学习和交流，共同研讨高职院校学生教育管理的理念、模式、路径和做法，特别对我们成都航院“高职院校学生事务服务的机制研究与实践”课题所形成的理论成果、工作模式创新和工作机制建设等给予了高度评价，这一课题带来的工作经验启迪、直接与间接影响、潜移默化的示范、引

领、辐射和带动作用必将历久弥新。

成果主要完成者先后受“四川省高职教育研究中心”“中华传统美德·天府职教行”邀请，前往省内各有关高职院校进行学术研究成果分享与交流，并就我校学生事务服务中心建设及基于服务理念的高职院校大学生事务服务成果进行交流和推介。该成果目前已为省内外数十所高职院校学习借鉴、推广应用。

【 第 5 章 】>>>>

学生事务服务的创新与突破

经过本课题近三年的理论研究和实践探索以及课题结题后的后期改进应用实证研究，成都航院在高职院校大学生学生事务服务的理论、模式、技术与工作机制上实现了创新和突破。

一、理论创新

在学习借鉴基础上，以科学的方法论为指导，结合中华优秀传统文化及我国内地高校特点，课题组比较系统全面地研究了我国内地高校学生事务服务的概念和内涵、理念和指导思想、组织结构和工作机制，并对我国内地高校学生事务服务模式构建的基本要素、典型工作模式特点进行了理性分析和比较研究。

1. 概念和内涵

研究与实践揭示，新时代高校学生事务是指高校通过指导、规范和服务学生的成长过程，促进其全面、协调、可持续发展的非学术性组织活动；高校学生事务范畴涵盖除纯粹学术事务之外的学生大学学习成长与发展的各个方面，如道德引领、人格教育、行政管理、成长辅导、生活服务、心理咨询、素质拓展等；高校学生事务工作内容覆盖从新生入校直至毕业就业创业的全过程，包括学生入学指导、注册管理、德育工作、心理健康教育与辅导、助学贷款、学生社团与社会实践、课外活动、校园秩序与稳定、奖励与处分、创新创业与就业指导等。

研究与实践认为，新时代高校学生事务内涵上包括“学生服务”与“学生发展”“学生工作主体”两个方面。“学生服务”彰显服务育人理念和服务学生宗旨，注重满足学生在高校学习生活过程中的多样化需求；“学生发展”则是马克思主义关于人的发展理论在高校人才培养过程中的践行，是社会学、心理学、生态学以及整合型理论在大学生成长过程中的具体运用。“学生工作主体”强调在现代教育服务理念下，学生事务服务工作是以学生的特点和需求作为工作的出发点和落脚点的，也即工作主体是学生，实施主体是学校的全体教职员工以及学生自身；这种主体与实施主体之间的纽带联系和职能关系，既是高等教育促进人的全面发展的目的论哲学，也是高等教育以学生为本位提供教育服务的思想基础，更是学生事务领域赖以存在并不断拓宽的理论依据。

2. 理念和指导思想

思想、意识、感知等诸如此类的形而上的概念，是一切行为的基准；所有目的的产生，追溯其根源都是理念的践行。每一个理念和思想，并非凭空主观臆想杜撰的，都蕴含着人性的本性初衷、向往追求、目标目的。理念可就造就一切、生发万物。无理念，就无知识也无见解；无理念，行为则无从谈起，目标则无从达成。

研究与实践提出，新时代高校学生事务要以满足学生发展需要为前提，以遵循人才培养规律为基本准则，以彰显服务性为基本特征，树立“以生为本、服务为要”的学生事务服务理念，进而指导将传统学生事务的“按规定程序办事”转变为“为学生成长成才服务”。在指导思想上，新时代高校学生事务坚持以马克思主义“人的全面发展观”为哲学指导，探索形成了坚持以学生为本，为学生的成长成才服务，为学生的德、智、体、美、劳全面发展服务的指导思想，并在顶层设计上解决了“办什么样的大学”“培养什么样的人才”和“如何培养人才”等核心问题。

3. 组织结构和工作机制

现代组织理论强调组织结构的设计应具有弹性。进入 21 世纪，现代组织的发展趋势基本上是由传统的金字塔模式向扁平化结构模式演进，弱化组织的中间管理层，并通过拓展管理幅度、减少管理层次来提高管理效率。

研究与实践表明，为有效发挥学生事务服务的效能，结合我国内地高校学生事务服务实际，可对已有职能部门重新进行组织机构的分化与整合，即将学生工作部（处）、团委、教务处、招生部门、就业指导部门、宿舍管理机构、安全稳定部门、后勤服务保障部门、医疗卫生服务等部门和相关科室重新组合，形成功能专一的新型组织机构：建立直属党委副书记或副校长的多个中心或办公室，如招生注册中心（招生、学籍管理）、学生活动中心（校园文化、社会实践）、住宿生活指导中心（宿舍管理和宿舍生活）、思想政治教育中心、行为指导中心（日常管理和行为管理）、健康服务中心（健康预防、医疗保险）、勤工助学中心、心理咨询中心（心理教育和咨询服务）、就业创业指导中心（职业和人生规划）、党团工作中心等具有典型扁平化组织架构特征的组织结构。

在工作机制上，我们以实证研究的方法对高职院校大学生事务服务机制进行了积极探索和归纳提炼，提出了促进高职院校大学生事务服务有效开展的八种机制：服务理念确立与践行机制、领导责任机制、扁平化组织架构机制、制度设计与保障机制、管理运行机制、控制机制、考核评价机制和拓宽事务服务项目机制。

4. 服务模式构建的基本要素

源于学生大学学习与认知过程中提出的需求，基于高校学生工作日常管理与服务育人的需要，研究与实践将学生事务服务模式构建的基本要素总结归纳为五方面：一是学生理想信念及道德情操引领，这是中国特色社会主义高校学生事务工作最重要的因素；二是学生学习引导与辅助，学生事务的重要任务之一就是要为学生的学习提供引导性服务，为学生的学习提供基本帮助，必要时还需要帮助学生做好学涯规划；三是学生职业能力发展指导，这是接受“以服务为宗旨，以就业为导向”高职教育学生对专业、职业、就业与未来职业发展最突出的需求；四是学生生活服务与咨询，这是涵盖大学宿舍生活服务、心理咨询与辅导、体育卫生医疗服务等重要内容的常规但不可或缺的事务服务的要务要素；五是学生日常事务及其他，包括奖助勤贷补、学籍管理和课外活动等基本内容的本初要素。

5. 典型工作模式特点

（1）教育管理主导模式

该模式是以学生教育管理为主的工作模式，将学生视为受教育主体，学校教育工作者视为教育施加者；通过为学生提供事务服务的人、事、过程，进行显性或隐性的“施”教和影响；比较重视和强调学校对学生的上施下效和制度约束，是我国高校学生工作中最传统、最常见的典型模式。

（2）管理主导模式

该模式是以管理者为主体的工作模式，将学生视为管理对象、学校教育工作者为管理者；通过学生事务实施管理，约束学生行为，保证学校正常的教学、生活和工作秩序。以科层式分级管理落实对学生的制度约束和人为管束，强调统一规范和目标可控性，在我国从中职升格为高职的院校中最为常见。

（3）管理服务主导模式

该模式是体现学生为本位的服务理念的服务主导工作模式，将学生视为接受教育服务的消费者，将学校教育工作者视为教育服务的提供者，通过为学生提供事务服务，满足学生的事务性正当需求，同时对学生施加潜移默化的教育影响。此模式采用扁平化组织架构及管理模式，对学生提供教育产品服务并进行教育引导乃至服务性管理约束，是以教育服务实现教育管理的朝阳工作模式。

二、模式创新

研究认为，模式通常是指事物的标准样式，是解决某一类问题的方法论。虽然我国内地高校学生事务服务的工作模式多种多样、不尽相同，但高校学生事务服务模式都是高等院校依据人才培养目标，着眼促进学生全面发展，通过学生事务服务活动对学生进行思想教育、成长辅导、学习与未来发展指导和生活服务的管理与服务程式。

就高职院校而言，其培养对象是擅长于形象思维且培养目标定位于高素质技术技能专门人才的大学生，相应的学生事务服务工作更应侧重帮助学生理解和掌握“怎么做”和“怎么做更好”，而不应只有“是什么”“做什么”和“为什么这么做”。也即要把学生的成长成才置于首位，通过事务服务帮助他们拓展思维、积极尝试和主动实践，进而将传统的“按规定程序办事”转变为“为学生成长成才服务”。

通过研究分析和学习，结合成都航空职业技术学院学生事务服务工作的实证研究，我们认为当前高职院校学生事务服务中存在的主要问题是在何种理念指导下、采用什么样的服务模式和运作方式。我们创新性地探索出了基于扁平化组织架构与管理，对学生提供教育产品服务并进行教育引导和服务性管理约束的“总分总”工作模式。

1. 工作理念的转变

由学生事务管理向学生事务服务转变。基于以学生为本和服务工作的理念，整合学校资源，为接受高职教育的学生提供优质高效的事务服务。

2. 工作目标的转变

基于管理向服务转变，追求服务育人的“四化”目标。一是“全程化”：全方位架构、全过程覆盖；二是“科学化”：建立系列工作制度、理顺相关工作机制；三是“规范化”：流程式运行、标准化操作；四是“双线化”：线上微信公众平台、线下实体的学生事务服务与发展中心。

3. 工作方式的转变

学习借鉴扁平化学生事务服务组织架构，改进线性的“一站式”服务模式，建立“总分总”的学生事务服务工作站——既有相对集中的学生事务服务与发展中心（大厅），也有功能专一的分散的后勤事务服务大厅以及在学校体委领导下的学生体育运动服务中心等。在这些线下实体服务大厅之外，还专门开发了手机应用软件，为学生提供网上事务服务。

4. 工作内容的拓展

提供覆盖学生大学学习生活全过程的招生服务、资助服务、心理咨询与卫生保健服务、法律援助服务、社会实践与志愿者咨询服务、文化素质教育服务、体育与健康指导服务、学习咨询与指导服务、科

技创新与创新创业和就业指导服务、学生的日常学习、生活的管理服务，是国内高校学生事务服务体系建设的一种可资借鉴的思路

5. 工作模式的特点

践行学生本位服务理念，将学生事务服务覆盖学生大学学习全过程；基于扁平化组织架构思想，组织开展学生事务服务工作；设立“总分总”实体性学生事务服务与发展中心和专门性事务服务工作站，同步开展线下和线上“双线”服务；实行流程化“作业”、机制化运行和人性化关怀，满足学生的事务性需求；通过为学生提供全方位事务服务，对学生施加直接或间接、显性或隐性的教育性引导与约束、服务性帮助与管理、发展性咨询与指导。

三、技术创新

适应信息时代发展和技术进步提出的学生事务服务的新要求，开发学生手机应用软件，为学生提供网上事务服务：配套研发成都航空职业技术学院学生事务服务手机客户端应用平台——“学生事务服务中心 APP1.0Beta 平台”，并同步建立微信公众号学生事务服务网上服务平台，拓展学生事务服务渠道，提高了学生事务服务的效率与质量。

已投入运行的成都航院学生事务服务手机客户端应用平台和微信公众号学生事务服务网上平台，在为学生提供网上事务服务的同时，有效推进了“易班”试点工作，并使之成为学生网上学习、生活服务、文化娱乐的综合性互动社区，为学生提供了社区交流、群组聊天、在线学习、活动发布、兴趣交友等教育信息化“一站式”服务。

四、工作机制和制度创新

研究认为，高职院校学生事务服务整体机制，是指基于高职院校学生事务整体解决方案的理念确立、组织功能目标、组织基本构成方式、组织基本职能实现的活动方式和运行原理。高职院校独特的社会功能定位和校企合作的办学模式，强调职业技能与职业精神融合的高素质技术技能专门人才培养目标，以及体现教育类型特点的工学结合的培养模式、行动导向的教学模式等，决定了其学生事务的工作理念、组织架构、制度建设、管理运行、考核评价等内部机制方面不可以机械地移植普通高校的做法和经验，需要进行工作机制和制度创新。

着眼于高职学生事务服务整体解决方案，针对高职院校文化传承、培养目标和学生特点所进行的高职院校学生事务服务机制研究与实践，基于在成都航空职业技术学院所进行的伴随性应用实践，本研究以系统的观点提出了高职院校学生事务服务整体机制应包含：① 服务理念确立与践行机制；② 领导责任机制；③ 扁平化组织架构机制；④ 制度设计与保障机制；⑤ 管理运行机制；⑥ 控制机制；⑦ 考核评价机制；⑧ 拓宽事务服务项目机制；等等。与此同时，本研究推动制订、修订了促使学生事务服务与发展中心提供良好服务的《成都航院学生事务服务大厅规章制度》《学生事务服务中心学生工作团队管理办法》等系列配套工作制度，为有效开展学生事务服务工作提供了机制和制度保障。

附录1：学生事务服务课题研究论文

国内外高校学生事务服务的比较研究与启示

陈玉华　罗 琳　张 霓

摘要：基于对高校学生事务服务与学生工作概念的分析，通过对国内外高校学生事务服务的理念、组织结构、工作模式、服务内容、服务者队伍建设等方面的比较与研究，为改革创新我国高校学生事务服务工作提出了对策和建议。

关键词：国内外；高校；学生事务服务；比较研究；对策

在国外，学生事务性工作一直是高校的重要工作。经过长期的系统化发展，国外高校的学生事务管理经历了由严格的行为管理向促进学生学习和个体发展的演变，在此过程中形成的理论成果和实践经验值得我们研究、学习和借鉴。本文将从对比的视角，探寻国内外高校学生事务管理的特点和差异，进而提出改进和完善我国高校学生事务工作的建议。

1. 学生事务服务与学生工作

学生事务服务（The Students Affairs Service）是指高校通过行政、教学、科研投入，为学生提供生活、学习、休闲等活动需要的条件、信息等基础性服务，如提供就学帮扶、学术支持、生活服务等，旨在以优质规范的服务帮扶和支持学生，丰富学生校园生活，促进学生成长、成才的组织活动。高校学生事务工作的核心是坚持以学生为本，为高校的办学目标服务，为学生的成长成才服务。

因文化背景不同，国外高校学生事务服务经历了较长时间的发展演变。总体上，国外高校学生事务服务定位于对学生的帮扶和支持，一切工作都是为了促进学生的全面发展，工作内容涉及学生在校生活、学习、职业规划等的各个方面，内容丰富多样，覆盖面广。学生事务服务已经逐步实现了规范化、专业化和制度化。

“学生事务服务”一词是西方学界较为习惯的称谓，在我国通常等同于“学生工作”这一概念。这两个概念的内涵并非完全一致，虽然内容有交叉，但二者的侧重点不同。在内容上，我国的学生工作包括思想政治教育、学籍管理、课外活动、校园秩序与稳定、奖励与处分、学生心理咨询、学生资助、就业指导等；在功能上，国内的“学生工作”和西方学界的“学生事务服务”虽然都包含教育、管理、服务的内容，但我国的“学生工作”更加强调其思想政治教育功能，而“学生事务服务”则突出其帮扶和支持功能。本文忽略二者概念间的差异，将它们视为同一范畴。

2. 中外高校学生事务服务比较

2.1 基本理念的比较

国外学生事务服务普遍强调的是关心“完整的人的发展”这一新人文主义哲学理念（即“全人”发展哲学观），充分以学生为本。以美国为例，美国高校学生事务服务在开展工作过程中，首先会把学生看作是一个完整的“人”来对待，会对“他”各个方面进行全面考虑和分析，包括能力水平、情绪智力、健康、社会关系、职业倾向、道德观念、宗教信仰以及经济来源和审美观念；会根据“他”的实际需求和个体差异进行针对性指导，尽可能多地为学生提供全方位、多角度的服务，让“他”得到更为全面的发展。

我国高校学生事务服务工作总体上尚处于研究探索阶段，国内大部分高校大多还停留在学生事务管理工作层面，在基本理念上则偏重强调管理的本位特征，以生为本、有效服务的理念还不够深入；侧重对学生进行约束和管理，要求学生无条件服从学校的相关安排，在管理理念上还不够科学和人性化，对学生个体发展和进步存在一定的约束和阻碍。

2.2 组织结构的比较

目前我国高校学生工作大都采用党委领导下的行政领导体制，校院（系）两级党政齐抓共管的组织结构。在学校层面上设有专门分管学生工作的党委副书记或副校长，在校党委下一般分设有学生工作部（处）和团委等二级组织；在院（系）层面上，设有学生工作管理小组，由院（系）党总支组织管理，成员由多个专、兼职辅导员或班主任组成，负责控制和管理学生的各项具体事务。具体的组织结构如图 1 所示。

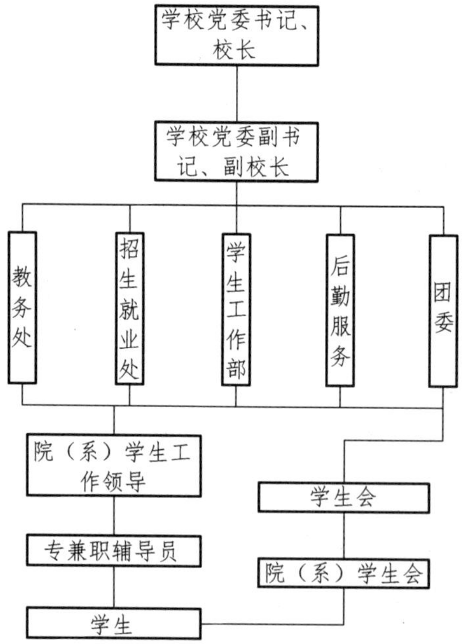

图 1　我国高校学生事务服务组织结构图

在美国高校，他们把学生的全面发展作为所有工作的核心，构建出以学生为根本的学生事务服务组织结构。通常来讲，美国大学一般会设有1位校长，另外还设有4—6位副校长，其中1位副校长负责学生事务服务相关工作，并在该副校长下分设学生事务处（学生事务服务中心）专门对学生事务服务进行管理。学生事务处（学生事务服务中心）有一位或者数位学生主管和负责人，按照不同的工作内容设立有专门的办公室或管理中心，并指派专人或工作人员对某一方面具体的学生事务提供服务，形成"学生工作系统"。具体的组织结构如图2所示。

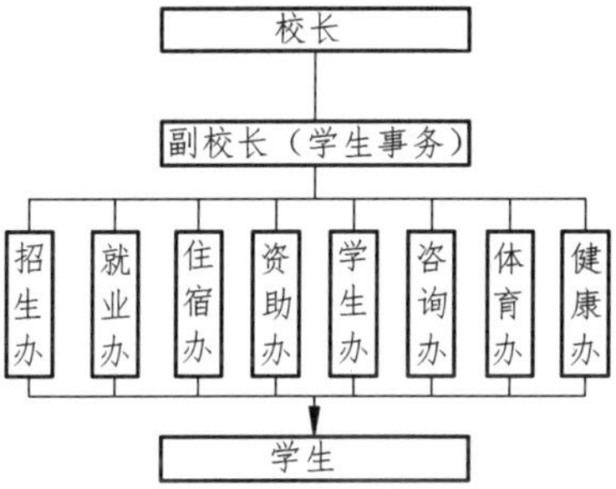

图2　美国高校学生事务服务组织结构图

显而易见，国内高校学生事务服务实行的是横向联合形式，多个条块结合在一起，形成较密集的网络；而国外高校的相关机构设置则相对比较独立，功能化程度相对较高。在学校机构设置方面，国内的高校大多实行党政合一的二级管理结构，国外高校则实行一级管理结构。总体上，国外高校学生事务服务工作组织结构体系的长处是：学生事务服务的整体结构简单、涉及层级较少，有助于缩短或减少一些不必要的工作程序，从而提高工作效率；面向学生的事务性工作内容多，服务项目更具有针对性，而且辖属学生事务处（学生事务服务中心）的工作人员的分工更加合理和明确。

2.3 工作模式的比较

以英美为代表的西方国家的高校学生事务服务模式主要有直接监

督管理、经费筹措以及服务和联合协会等多种模式，整体上行政导向性较弱，各个高校拥有充分的自主权，可以对本校的学生事务进行较自由的控制和管理，自治能力较强而且自治程度高。

国内部分领先本科类院校已经完成了学生事务管理向学生事务服务的转型，但是还须进一步完善。比如：虽然建立了大学生事务服务中心，但并未将与学生工作有关的职能部门有机整合；已经建立有大学生事务服务中心的高校，大多也只是将中心视为学校学生管理工作部门的二级组织等。究其原因，国内各高校普遍实行的党委领导下的校长负责制，在开展学生工作的过程中通过各种行政手段来进行领导和管理，管理工作存在较强的行政导向性。党政合一、条块结合是我国高校学生工作的主要特征。将学生工作渗透于学校各个组织机构，齐抓共管，虽然在表象上有利于工作的开展，但在这种多重领导、多部门管理状态下，管理多于服务且工作效率不高。

另外，我国高校学生工作的服务色彩明显较弱，缺乏对学生的人文关怀。条块结合的运行机制形成的管理模式层次多、涉及的部门多、程序多，致使高校学生事务管理向学生事务服务转型趋于表面化，各高校基层学生事务工作者往往也是机械地按工作流程进行工作，工作模式单一，缺乏与学生的有效沟通交流，在一定程度上阻碍了学生事务服务工作的有效开展。相比之下，英美高校的学生事务服务模式则要科学合理得多，真正以学生为本，将学生作为客户，而学校就是巨大的服务提供商。

2.4 工作方式与工作内容的比较

我国高校学生工作的主要实施者是辅导员，主要采取的工作方式仍然是传统的说理教育方式。这种工作方式仍是严格地将学生当作被管理甚至被控制对象，相关工作流程也是严格按照学校设立的等级、层次以及规章制度从上到下进行单向流动；实施中，辅导员一方面有效帮助学生，另一方面也让学生感受到了学校的“威慑力”而被动地改变自己。在工作内容上，国内高校的学生工作涉及学生的学籍管理、思想政治教育、日常管理、校园纪律、文娱活动、奖惩制度等方面，内容繁多。此外，大多数高校都制订有学生事务管理工作制度、章程等，这些都具有较强的行政导向性，根本目的是保障学校日常各项工作的正常运行，很少站在学生视角关注学生自身的实际发展，难以做到有效服务于学生。

国外高校的学生事务服务工作内容也较多，包括了学生的日常活动、各种辅助性的教学活动、生活辅助活动以及学生事务自身管理等方面。区别于国内高校的条条框框，国外高校在开展各项学生事务服务工作时较为灵活和人性化。例如，在对学生的日常行为进行规范和约束的时候，在保证原则性的前提下，充分考虑到学生的实际情况，针对不同种族、不同地区、不同文化背景、不同兴趣爱好的学生，灵活制订不同的约束管理办法，体现了以学生为本的理念。这样不仅有助于学校管理人员提高工作效率，更让学生主动服从日常的行为规范准则，而不是被动地接受学校制定的相关制度，从而提高学生对学校的认可。

2.5 学生工作队伍的比较

客观上，从事学生工作的人员通常应具备良好的沟通、创新、团队合作能力以及一定的学生事务管理经验，这是学生工作的性质所决定的。我国高校的学生工作起源于早期的思想政治教育工作。当前从事高校学生工作的人员大多也是思想政治教育类专业毕业，缺少学生事务管理、教育管理等方面的专业素质和技能。学生事务服务人员的职业标准化程度较低，工作人员大多也没有经过严格的筛选和培训，实际工作水平参差不齐。在人员数量上，虽然教育部有师生比不低于1∶200的规定，但一线的专职学生工作人员人数往往达不到标准。除此之外，学生工作繁重复杂，在国内高校现有管理模式下，容易导致工作方式生硬、死板，工作效率不高，工作效果也不尽如人意。从事学生工作的人员工作压力大、负荷重，工作中很容易产生各种不良情绪，影响对工作的认同感与归属感，导致目前国内高校学生事务性工作缺少创新、难于创新的局面。

英美的高校开设有专门研究学生事务服务工作的硕士、博士点，各高校也都十分注重建设一支全能的学生事务服务工作队伍，部分地区还成立有高校学生事务服务联盟或者俱乐部。例如，美国加州大学洛杉矶分校（简称 UCLA）全校共有学生 4 万余名，而从事学生事务服务的专业全职工作人员就有 350 名（师生比高达 1∶114）。UCLA 的学生心理健康指导中心拥有专职工作人员 55 名，其中获得心理学博士学位的工作人员有 24 名，可开具处方的精神科专业医师有 8 名。值得一提的是，国外高校中除心理咨询中心外的其他专业性较强的学生事务服务部门工作人员，许多都拥有相应领域的证书和执业资质。这些专业人员的配备为更好地为学生工作服务提供了强有力的保障。此外，国外高校在选择录用从事学生事务服务的工作人员的时候也十分严格和谨慎，严格推行职业标准化，任何一个岗位的工作人员通常情况下都是经过层层的选拔和考核才能最终被录用。人员在入职后，如果想要申请更高一级的岗位，更需要经过学校的严格考核和评定，并且还要接受一定时间的岗位培训，才能开始任职和工作。

3. 改革创新我国高校学生事务管理工作的启示

通过比较研究可知，国内高校学生事务服务工作在很多方面都有改革和创新的空间。但国内高校在更新学生事务服务理念、构建学生事务服务模式的过程中，必须结合我国国情和高校实际，始终坚持大学生思想政治教育这根主线，努力强化学生事务服务中的帮扶和支持功能，创新服务模式，建立健全学生事务服务体系，培养一支专业化的学生事务服务工作队伍，推进学生事务服务规范化、制度化、法制化建设，为学生成长成才打造有力、有效服务的平台。

3.1 确立“以学生为本”的服务性工作理念

学生事务服务所有工作的核心应是“以学生为本”，就是把服务学生作为第一工作要务。因此，我们的教育方式应该是服务性的教育管理方式，学生工作者应是学生的引导者、启发者和服务者。在现实工作中，落实以学生为本的工作理念，应把严格的管理与良好的服务相结合，寓管理和教育于服务之中：一是在学校和学生事务服务工作人员中牢固树立“管理就是服务、管理为了更好地服务”的思想，树立“学生是教育消费者”“一切为了学生、为了一切学生、为了学生一切”的服务工作理念；二是引导学生冲破陈旧道德观念的束缚，提倡学生独立思考、个性发展，将个人利益与集体利益和国家利益结合起来，把握好“社会本位”和“个体本位”之间的关系；三是落地服务理念，创建“学生事务服务中心”等类似机构主动开展服务，在服务中促进学生自我管理、自我教育和自我成长，并在服务中赢得学生的认可，体现学生事务服务工作的价值。

3.2 创新提高服务效能的学生事务服务模式

现代组织的发展趋势基本上是由传统的金字塔模式向扁平化结构模式演进，组织的中间管理层被逐步弱化，并通过拓展管理幅度、减少管理层次来提高管理效率。

为有效发挥学生事务服务的效能、提高学生事务服务信息响应的速度，可学习借鉴国外高校先进经验，结合国内高校学生事务服务的实际，对已有的各职能部门重新进行组织机构的分化与整合，即将学生工作部（处）、团委、教务处、招生部门、就业指导部门、宿舍管理机构、武装保卫部门、后勤部门、医疗卫生等部门和相关科室根据工作需要重新组合，形成功能专一的新机构，建立直属党委副书记或副校长领导的多个中心或办公室，如招生注册中心（招生、学籍管理）、学生活动中心（校园文化、社会实践）、住宿生活指导中心（宿舍管理和宿舍生活）、行为指导中心（日常管理和行为管理）、就业指导中心（职业和人生规划）、心理咨询中心（心理教育和咨询服务）、健康服务中心（健康预防、医疗保险）、勤工助学中心、思想政治教育中心、党团工作中心等。如果考虑管理幅度的限制，可将上述各中心依据工作性质分为学生教育、管理、服务三类。

这种组合方式下的学生事务服务模式，学生事务的机构设置切块很小、分解较细、职责明确，各部门之间工作不重叠，工作人员不交叉，上下一条线，主从分明，左右协调，各司其职，能确保在学生事务服务工作中便捷、高效地服务学生。

3.3 建立健全学生事务服务体系

国内高校，甚至包括已经向学生事务服务工作转型的高校，其学生事务的体系严格来说仍是一种管理体系，是一种从管理者角度出发而制定的体系，它的利益主体是管理成员。从管理体系向服务体系的转变，核心是利益主体的转变——使教育服务对象的学生理所当然地成为受益主体，所以高校需要增强服务意识、建立健全服务体系，并将服务更多地融入学生工作之中。有学者提出“十大服务”之说，即：招生服务、助学服务、心理咨询服务、法律援助、技能培训、课外阅读指导、社会实践指导服务、留学咨询服务、就业指导和后续跟踪服务、学生的日常学习、生活的管理服务。这应是国内高校学生事务服务体系建设的一种可资借鉴的思路。

3.4 建设专业化的学生工作队伍

必须明确，专业化的学生工作队伍是关系高校大学生事务服务工作能否走上正确轨道的关键。2004 年 8 月，中央 16 号文件提出了辅导员队伍“职业化、专业化、专家化”的目标，并配套出台系列文件，要求对高校学生工作者的培养要如同培养教育教学、科研工作者那样，不仅要在数量上满足要求，更要在学历提高、理论教育和各种待遇等方面采取切实可行的措施。为此，在大学生事务服务工作者的培养上，国家应尽快制定教育规划，设置学生事务服务工作相关专业，在本科、硕士和博士各学历层次上全面培养，这是建设学生事务服务工作队伍的根本之策。在高校层面上，要重点加强学生事务服务工作者的职业道德建设，畅通职业发展路径，使之不仅热爱学生工作，而且能把学生工作当作为之奋斗的事业，努力营造学生事务服务工作者与学生之间的和谐氛围，促进师生的良性互动，形成良好的师生关系，激发师生的潜能，进而建设一支相对稳定、具有良好约束力、凝聚力、公信力、执行力的专业化的学生事务服务工作队伍。

3.5 推进学生事务服务法制化建设

由管理学生向服务学生转型的学生事务服务工作模式，在积极探索、鼓励创新的同时，需要加强规范化、制度化、法制化建设。一方面，教育行政部门要在广泛调研的基础上，健全和完善高校学生事务服务的相关政策，制定有利于高等教育健康发展和学生成长成才的相关规定和制度，促进我国高校传统的高等教育管理模式向服务模式的转变。另一方面，为有效推进高校学生事务服务工作模式的改革，须增强高校学生教育工作者、专业教师、管理服务人员以及学生的公民意识和法律意识，严格规范教育教学和管理服务工作行为，实现管理向服务的真正转型。

参考文献：

[1] 中共中央国务院关于进一步加强和改进大学生思想政治教育的意见[EB/OL].（2004-8-6）. http://old.moe.gov.cn//publicfiles/business/htmlfiles/moe/moe_1201/200703/20056.html.

[2] 韦勇，郭俊. 中美高校学生事务管理比较分析及启示[J]. 海南

大学学报：人文社会科学版，2011（3）.

[3] 刘颖. 我国高校学生事务服务机构实践与探索[J]. 教育与职业，2013（20）.

[4] 李北群，乐青，徐中兵. 美国高校学生事务管理的经验与启示[J]. 黑龙江高教研究，2014（1）.

该文刊登于《成都航空职业技术学院学报》2014年第4期

我国高校学生事务内涵解析与工作模式研究①

陈玉华　张霓　陈雅真

摘要：高校学生事务一直是贯穿我国高等教育教学和人才培养的一条主线，也是制约我国高等教育发展和大学生全面发展的瓶颈。为此，必须厘清高校学生事务的概念、内涵和基本要素，树立以“人的全面发展观”为哲学指导的现代学生事务工作指导思想，准确把握教育管理主导、管理主导、管理服务主导典型工作模式特点，守正出新，满足学生成长成才多方面发展的需要。

关键词：学生事务；内涵；工作模式

从我国近代高等教育发展的角度而言，我国高校没有学生事务服务的传统。虽然学生教育管理一直是贯穿我国高等教育教学和人才培养的一条主线，但是，传统的学生管理“深入人心”，与我国高等教育发展现状存在诸多不相适应的情况。本文将在对学生事务的概念和内

① 基金项目：本文系四川省哲学社会科学重点研究基地暨四川省高校人文社会科学重点研究基地重点研究课题“高职院校学生事务服务的机制研究与实践”（编号：GZY14A03）的阶段性成果。

涵进行系统梳理的基础上，对我国高校学生事务的三种典型工作模式进行分析研究。

1. 高校学生事务的概念

与“学术事务”相对应的是“学生事务”。20世纪初，“学生事务”逐渐从学生学术事务中分离出来，形成了其独立的概念和内涵。在国外，一般认为“学术事务”涉及学生的学习、课程、课堂教学、认知发展等，而“学生事务”则与课外生活、学生活动、住宿、感情或个性发展等方面有关[①]。许多学者认为学生事务是学生非学术性活动或课外活动，是学生课外的一切活动及其管理；而学生事务管理通常被理解为这一职业领域相关工作的总称。一般采用格思里（James W. Guthrie）的界定：“学生事务针对学生的全面发展，包括学生的智力、情感、体魄、社会活动、就业指导、道德和宗教信仰、美学鉴赏等。”[②]

目前，国内学者对“学生事务”尚未形成统一的、标准化的概念。现有概念表述中，多数学者是从“学生事务”所包含的内容下定义的。其中，王秀彦、高春娣主编的《高校学生事务管理概论》一书中对“学生事务”概念的阐述是比较全面并具有概括性的：高校学生事务是指高校中通过指导、规范和服务学生的成长过程，促进其全面、协调、可持续发展的非学术性组织活动[③]；其范畴涵盖了学生的人格教育、行政管理、成长辅导、生活服务、素质拓展等。

2. 高校学生事务的内涵

在字面上，学生事务似乎只是关于学生非学术性事务的帮助与服务。事实上，现代意义上的学生事务已经超越了传统且单一的学生服

① 夏颐. 美国高校学生事务管理的发展及启示[J]. 现代教育科学：高教研究，2010（2）.

② 梁伟江，刘献君，等. 在中美高校学生事务管理比较分析中思考[N]. 中国教育报，2014-8-16.

③ 王秀彦，高春娣. 高校学生事务管理概论[M]. 北京：高等教育出版社，2009.

务的概念，在内涵上包括“学生服务”和“学生发展”两个方面的内容。其中，“学生服务”强调以服务学生为宗旨，满足学生在高校学习过程中多样化的需求。“学生发展”则是基于人的发展理论在高等教育领域的运用。这既是一种理论基础，也体现了关于高等教育目的的哲学，更是学生事务领域赖以存在的理论依据。

2.1 学生服务

向学生提供服务是由高等学校的性质和使命所决定的。高等学校的教育性与创新性、自治性与政治性、开放性与社会性、国际性与民族性及其所肩负的人才培养、科学研究、社会服务、文化传承等使命，要求高等学校在履行教学、科研等核心职能之外，必须创造更多的价值——通过提供有效服务，使现代高等学校由传统意义上的“自我中心”模式向“社会中心”模式转变，进而实现由以往的被动服务向主动的服务转型。这里，作为高等学校的第一服务对象、高等教育产品的购买者，学生当之无愧地成为学校服务的“重要客户”。因此，为学生提供服务应是学校教育管理的第一要务。

对学生所提供的服务，除了广义上学业方面的“学术事务”，还包括非学业方面的非学术性事务。在工作内容上，非学术性事务涵盖学校宣传与招生、新生学籍注册与入学指导、生活服务与住宿、健康服务与安全管理、日常生活与行为管理、奖助勤贷管理与服务、社团活动与咨询服务、心理健康与危机干预、成长辅导管理与服务、素质拓展管理与服务、就业创业指导与服务等。综上所述，为学生提供的非学术性事务服务，应是以学生需求为价值导向来行使教育使命的。

2.2 学生发展

关注学生发展是高等教育固有的基本理念和内在要求。在高等教育的多种使命中，其最核心、最基本的使命就是培养人。无论是教育教学、科学研究还是服务社会、文化传承，都应聚焦于学生的发展——整合高等学校的文化资源、教育教学资源、科研资源和社会服务资源，使其为学生的学习和个性发展服务。这里，承担高等教育使命的高等学校要从社会学、心理学、生态学等角度来分析、解释、预测和概括学生成长和发展规律，为学生的个体成长和发展提供服务。

对学生发展提供服务，其理论基础是全面培养学生的原则，基本目标是关注、分析、解释大学生怎样发展才能成为具备复杂成熟的了解自我、他人及世界能力的个体的过程；基本理论包括学生个体与环境、社会心理、认知和价值观以及整合型理论等。理想情况下，学生事务的每项工作内容，特别是理想信念与公民道德教育、人格塑造与思想引导、心理咨询与健康教育、学业咨询与学风建设、宿舍管理与行为养成、素质拓展与成长和发展指导等重要的学生事务管理领域的内容，都应在学生发展理论的指导下开展，以提高大学生接受高等教育的整体质量，最大程度上促进学生的成长和发展。也即，为学生提供的发展性事务服务，应是以学生个性化发展和未来终生发展为理想追求来行使教育使命的。

3. 高校学生事务的基本要素

围绕人才培养目标，高校的学生事务以满足学生发展需要为前提，以遵循人才培养规律为基本准则，以彰显服务性为基本特征。具体体现为高校的学生事务工作者运用专业知识技能，合理利用资源，为学生提供非学术性事务的多种项目服务。高校学生事务的基本要素包括学生、专业人员、具体事务和事务服务。

学生是高校实施教育教学、教育管理和教育服务的对象。高校的教育目的和培养目标要与学生的成长成才一致，体现高校为学生提供服务的性质。专业人员和学生是学生事务服务关系中的主客和客体，也是参与学生事务活动中的基本人员要素。具体事务是学生和专业人员在服务关系中的载体，即学生和专业人员需要通过具体的事务才能建立服务关系、开展服务活动。事务服务是学生和专业人员就具体事务在不断交互的过程中，形成的一个组织活动、知识系统和行动体系。学生、专业人员、具体事务和事务服务构成“学生事务”的四个基本要素，四者缺一不可，共同作用，不可分割。

事实上，基于规范、指导、服务和促进学生成长成才的“学生事务”并不是一个静止的概念，在不同的历史时期有着不同的范畴和内涵，其概念与内涵会随着时间的推移和工作经验的积累而不断发展和变化、丰富和完善。

4. 高校学生事务的指导思想

高校学生事务的指导思想，既是“办什么样的大学”“培养什么样的人才”和“如何培养人才”等高等教育顶层设计的核心问题，也是社会发展的客观反映，还是高等教育改革的内在要求。指导思想对高校学生事务有着特别重要的影响。高校学生事务的指导思想不仅回答了为什么要有学生事务工作，而且回答了以何种方式开展这些工作。

以美国为代表的国外高校学生事务管理的指导思想，主要有理性主义、新人道主义、实用主义和存在主义①。在这些思想的指导下，对应发展出了学生管理模式（通过一系列行为准则和规定来控制学生的行为，以此保证学生智力发展）、学生服务模式（鼓励学生参与学生组织、社团活动和服务，以使学生有充分的时间进行学术学习；学生工作的主要目的是巩固和增强学生的学术经验，学生工作的方针和实践围绕学术培养这一中心任务来进行；认为学生工作本身相对于智力发展而言是非主要的）、面向学生发展的服务模式（鼓励学生利用实践进行学习，应用知识去寻找问题的答案。在学生就业指导、咨询、学生的自我管理训练等方面强调实用主义的哲学思想和方法论）和学生发展模式（用帮助学生成长和发展的模式取代控制学生行为的管理模式）。

① 李江. 中美高校学生工作指导思想比较[J]. 思想理论教育，2009（3）.

我国高校学生工作的指导思想，受以“德治、礼治、人治”为核心的儒家思想、以“法治”为核心的法治主义思想、以“无为”为核心的自然主义思想等传统哲学思想以及崇尚实效的实用主义哲学思想为主流的近现代哲学思想的影响，逐渐发展形成了以马克思主义“人的全面发展观”为哲学指导的现代学生工作指导思想，即坚持以学生为本，为高校的办学目标服务，为学生的成长成才服务，为学生的全面发展服务。这里，学生的全面发展主要包括人的各方面能力的全面发展、人的社会关系的全面丰富、人的个性充分而自由的发展。以此为指导，我国高校学生工作先后发展出了教育管理主导、管理主导、管理服务主导以及多种导向相结合的学生事务工作模式。

5. 我国高校学生事务典型模式及其特点

受到传统文化和历史传承、经济发展和社会风气、思想观念和价值追求等多方面因素的影响，我国高校学生事务服务工作不尽相同，形成并发展出了基于教育管理主导、管理主导、管理服务主导为典型特征的学生事务工作模式。

5.1 教育管理主导模式

该模式视学生事务为人才培养的重要组成部分，是实施学生教育管理的载体、内容和手段，并通过为学生提供事务服务，促进学生的成长和发展。其主要特点是：基于人的全面发展理念开展学生事务工作，将教务处视为教学处——从事学术事务管埋工作，将学工部视为教导处——从事学生教育管理工作，并大多实施科层式分级管理；将学生视为受教育者、专业人员（含宿舍管理员）为教师（宿舍管理老师）、学生事务为施加教育影响的过程；将教育管理和促进学生成长作为学生事务工作的主要功能，工作过程即基于教育活动的管理过程；将学生事务与养成教育有机结合，通过为学生提供的事务服务中的人、事、过程，进行显性或隐性的施教和影响；在本质上该模式强调对学生的制度约束，期望通过上行下效来规范学生行为，是我国高校学生工作中最传统、最常见的模式之一。

5.2 管理主导模式

该模式视学生事务为对学生进行有效管理的方式、途径和手段，通过实施管理，约束学生行为，保证学校正常的教学、生活和工作秩序，为学生正常接受教育教学进而实现既定培养目标提供保障。其主要特点是：基于规范高效原则开展学生事务工作，实施科层式分级管理，强调统一规范性和目标可控性；将学生视为管理对象，专业人员为管理者，学生事务为管理、监督、约束学生的过程；将管理学生作为学生事务工作的主要功能，以管理制度实现管理效率；将学生事务视为学术事务的保障和补充，通过严格管理确保学校的正常秩序、学生的平安、校园的稳定；在本质上该模式强调对学生的制度约束和人为管束，在我国从中职学校升格的高职高专院校中较为常见。

5.3 管理服务主导模式

该模式视学生事务为给学生提供服务和帮助的载体和手段，通过为学生提供事务服务，在帮助学生解决非学术事务的同时，对学生进行服务性管理——既满足学生的事务性正当需求，又“念念不忘”对学生的必要约束。其主要特点是：基于以学生为本位的服务理念开展学生事务工作，在保留科层式分级管理的组织结构下，借鉴扁平化的组织架构及管理模式的优点，设立大学生事务中心，努力为学生提供简便快捷的“一站式”服务；将学生视为接受教育的消费者、专业人员为教育服务的供给者、学生事务为通过提供帮助和服务进行教育管理的过程；将进行科学管理和满足学生允许性需求作为学生事务服务的主要功能，学生事务服务过程中强调规章制度下的“规定性”服务；将学生事务视为教育产品服务，通过事务服务对学生进行所谓的科学管理。在本质上该模式强调高校学生事务不同于一般性产品服务，在我国设置“一站式”学生事务服务中心的高校中不同程度地普遍呈现。

目前，我国高等教育规模已经是世界第一。我国高等教育的真正危机，其实不在于学生的学习能力而在于学生的自我管控能力，不在于学生的智商而在于学生的情商。只有培养学生、服务学生、发展学生，满足学生成长成才多方面的发展性需求，提高其综合素质，才能实现高等教育促进人的发展的历史使命。这些，要求我们更加关注学生非学术事务方面的教育服务。

参考文献：

[1] 叶茹蕙. 中外高校学生事务管理模式比较研究[D]. 上海：华东政法大学，2012.

[2] 韦勇，郭俊. 中美高校学生事务管理比较分析及启示[J]. 海南大学学报：人文社会科学版，2011（3）.

[3] 陈玉华，罗琳，张霓. 国内外高校学生事务服务的比较研究与启示[J]. 成都航空职业技术学院学报，2014（4）.

[4] 刘颖. 我国高校学生事务服务机构实践与探索[J]. 教育与职业，2013（20）.

[5] 李北群，乐清，徐中兵. 美国高校学生事务管理的经验与启示[J]. 黑龙江高教研究，2014（1）.

[6] 克里斯汀·仁，李康. 学生发展理论在学生事务管理中的应用——美国学生发展理论简介[J]. 高等教育研究，2008（3）.

该文刊登于《学校党建与思想教育》2016年第5期

创新高职院校学生事务服务整体机制的研究与探索

陈玉华　曹鼎　张霓

摘要：针对高职院校文化传承、培养目标和学生特点，基于学生事务服务整体解决方案，本文提出了建立服务理念确立与践行机制、扁平化组织架构机制、制度设计与保障机制、管理运行机制、考核评价机制和事务服务项目拓宽机制等高职院校学生事务服务整体机制。

关键词：高职院校；学生事务服务；工作机制；研究

"机制"一词原指机器的构造和动作原理，有机体的构造、功能特性和相互关系，后引申泛指一个工作系统的组织或部分之间的相互作用的过程和方式。机制涉及工作系统由哪些部分组成和为何由这些部分组成，以及该工作系统是如何工作和为何要这样工作。厘清机制这一概念需要明确两点：一是组成工作系统的各个部分是机制存在的前提，也正是由于有工作系统相关的各个部分的存在，才客观上存在着如何协调各个部分之间关系的问题；二是各个部分之间必然存在某种运行方式，这种特定的运作方式会把工作系统各个部分有机联系起来，使之和谐运行并发挥作用。将机制延伸到不同的领域和工作系统，就产生了不同的机制。高职院校学生事务服务整体机制，是指基于高职院校学生事务整体解决方案的理念、组织功能目标、组织基本构成方式、组织基本职能的活动方式和运行原理。通过事务服务，使高职院校的人才培养目标与学生的个性化发展达成一致。

1. 服务理念确立与践行机制

目前，国内高职院校的学生事务服务总体上尚处于研究探索阶段，已经建立的学生事务服务机构基本趋于"一站式"服务的整体设计，致力于服务学生在校期间的涵盖人格教育、行政管理、成长辅导、素质拓展、课外生活等方面的各种非学术性事务，包括学生的入学教育、德育工作、学业事务、心理健康教育与辅导、助学贷款、学生社团与社会实践、创新创业与就业指导项目和活动等，并最终为学生的成长成才提供个性化、多样化的服务和帮助。高职院校的培养对象是擅长于形象思维且目标定位于技术技能型的大学生，事务服务工作更应帮助学生理解和掌握“怎么做”和“怎么做更好”，而不应只有“是什么”“做什么”和“为什么这么做”。即把学生的成长成才置于首位，通过服务帮助他们拓展思维、积极尝试和主动实践，从而将传统的“按规定程序办事”转变为“为学生成长成才服务”。

“以生为本、服务为要”理念的确立与践行是学生事务服务工作的灵魂，必须将其植根于事务服务的各项工作中，一以贯之，才能体现理念的精神和价值、功能和实质。以学业服务为例，要求学生进行SWOT（S—strengths，优势；W—weaknesses，劣势；O—opportunities，机会；T—threats，威胁）分析的指导仅仅解决的是学业服务“是什么”的问题，而帮助学生做好合理的时间规划和科学的学业学分计划等，则侧重于为学生的成长成才提供非学术性事务管理服务。又如，在毕业生办理离校手续的过程中，机械地进行离校手续的集中办理，带来的是人群高度密集和安全风险，如能简化工作流程，针对性地提供诸如预约办理、上门办理等人性化服务，不仅能让学生明确“怎么做更加简便快捷”，同时也增进了毕业生对母校的情感。

因此，“以生为本、服务为要”的服务理念，不仅仅是一句口号，它必然要外化于行、内化于心，贯穿于学生事务服务实践之中，是践行的结果，是学生事务服务组织中的思想灵魂和服务工作中的价值追求。这种一切为了学生的成长成才的服务理念，不仅是学生事务服务行动的先导，而且能指导决策和行为，塑造教职工并建立团队精神，更能提高事务服务在促进学生成长成才中的地位和作用。

2. 扁平化组织架构机制

国内高校学生事务的组织架构以条块结合、垂直化的管理为特点，即由党委领导下的学生工作部牵头，各部门参与，共同建立“一站式”服务中心。高职院校学生事务工作应更加注重从实际着眼，契合现代职业教育规律，切实推动学生事务服务的高效运行。

高职学生被动学习能力、形象思维能力和学习依赖性较为突出。因此，学生事务服务工作的内容和方式应更为灵活多样，其组织架构应更加独立化和专业化，并尽量减少“行政化”倾向。事务服务机构的工作人员在岗位编制上应少而精，且最好是相关领域的专业人才或复合人才（除财务部门应由学校财务处专人负责）。

高职院校学生事务服务机构的岗位设置一般有三种模式：一是全体工作人员兼职化，即其工作人员全部来源于各相关部门，事务服务的工作属于兼职；二是全体工作人员专职化，学生事务服务的组织、策划、实施、管理等工作是其主要职责；三是专兼职协同，即设置若干专门人员（指导教师），聘请高年级学生作为兼职的具体项目工作人员，专兼职协同开展事务服务工作。三种模式各有特点，第一种模式便于组建团队，管理灵活，人员可替代性高，但由于兼职身份，工作衔接性有待提高，服务质量难以保证；第二种模式的工作人员稳定，但伴随事务服务项目的增加，需要增加专职工作人员，学校运行与管理成本最高；第三种模式兼具前两种模式的优势，可取得较好的效率。从效率以及提高事务服务的自主权和事务服务人员的能动性角度考虑，第三种模式则更加适合高职院校采用（如图1所示）。

高职院校学生事务指导教师人数除应根据事务服务项目确定，还可参考相关规定比例。如高校专职辅导员应按照1∶200的师生比配备，高校思想政治课教师配备比例为1∶350—400，高校心理健康工作专职教师配备比例为1∶5000，且不能低于两人。有鉴于此，高职院校学生事务服务的指导教师人数一般应不低于1∶5000。另外，还应借鉴国外高校事务服务的经验，充分发挥学生党员和学生干部的积极作用，更多地指导学生参与到事务服务工作的规划、设计和运行中来，形成类似于学生会的组织结构，把学生事务同学生自我教育、自我管理、自我服务结合起来。

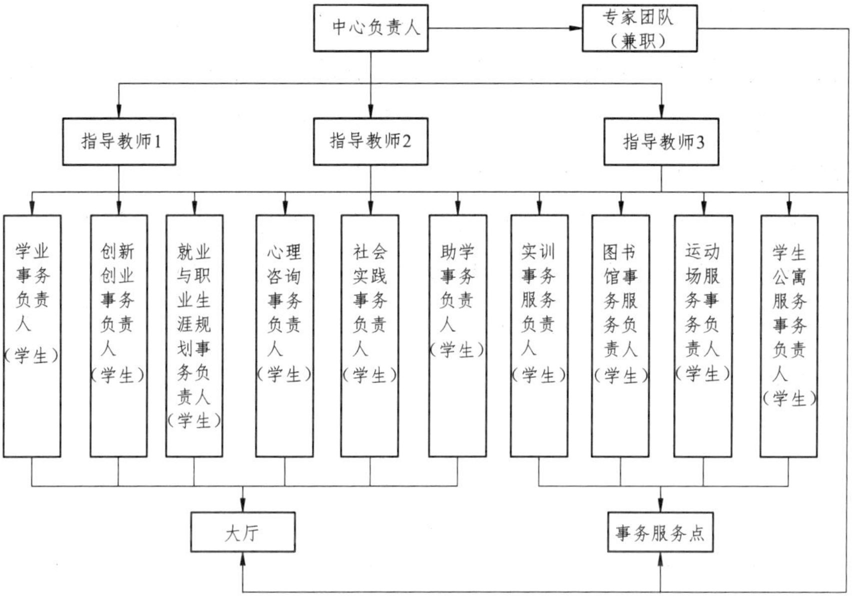

图 1 标准化模式

学生事务服务中心（大厅）“一站式”的架构在集中配置资源的同时，也存在着服务功能过度集中、区域固化等问题。因此，可进行为学生提供专门化、即时性事务服务的新探索。例如，高职院校除建立“一站式”服务大厅外，亦可在学生学习生活的主要场所基于事务服务项目的功能类型设立服务分站，这些场所包括实训基地（指导与服务学生开展创新发明与制作等）、学生公寓（指导与服务学生开展社团活动等）、图书馆（为学生提供专门的大学生阅读指引、信息查询等指导与服务）等。为方便学生校内生活，也可设立“学生后勤服务大厅”，为学生提供集中性后勤生活服务和帮助。保留学生事务服务大厅的主体功能，将部分服务事项按照类别或功能特征分设在各服务分站，既延伸了事务服务的触角，增强其在学生中的影响力，又将服务事项适当合理分区，有助于提高服务的效能。

在现实中，高职院校的“一站式”学生事务服务大厅已经在理念、功能方面进行了初步探索实践，但实效有待改进。例如，虽然建设了“一站式”学生事务服务大厅，但缺少并行的协同机制，也不同程度地存在“谷仓效应”；平时接受服务的学生数量少，服务内容和范围较小；服务机械，创新意识弱等。根据调研分析，除加强宣传和管理，还应在组织架构方面进行专业化的管理和协调，保证事务服务工作的统一、高效和务实。另外，需关注高职学生的差异性服务需求。根据调研，勤工助学、职业规划、社会实践和校园生活服务是高职学生需求最多的事务项目，为此需针对性加强、深化和拓展这些事务领域的有效服务（参照图 2 所示）。

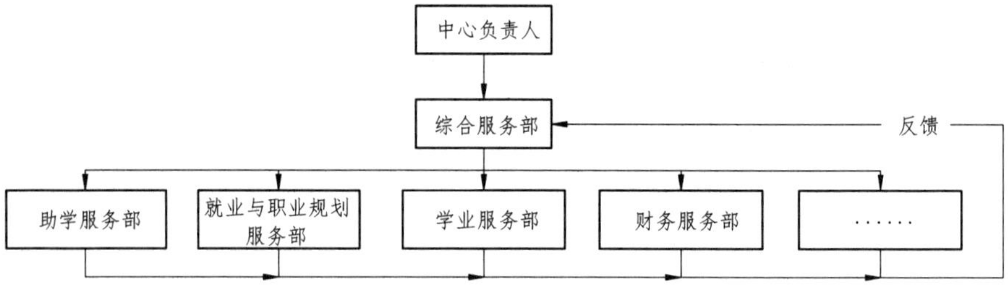

图 2　改进型模式

3. 制度设计与保障机制

制度是节制人们行为的尺度，是要求人们共同遵守的办事规程或行动准则，是实现某种功能和特定目标的规范体系。作为行为规则，制度应具有行为主体。在高职院校学生事务服务中，学生、工作人员、组织机构三者是事务服务制度设计的行为主体，且与制度设计相互作用、密切关联。因此，除常规的学生事务中心章程、人事与岗位制度、财务制度、学生事务工作流程等制度外，还应从规范、高效和组织稳定的角度制订诸如信息反馈机制、激励机制、约束机制、提升与发展计划等相关制度，从而将事务服务的各项工作置于完善的制度框架内，形成可持续发展的内生机制。

除了具有指导和约束性、鞭策和激励性、规范和程序性之外，制度还具有一定的习惯性。也即在进行学生事务制度设计时，不应割裂高职院校自身的办学历史、办学理念和文化的传承。源于中等职业学校升格，少数高等专科学校、短期职业大学和独立设置的成人高校改革、改组和改制建立的高职院校，具有区别于普通高校的独特人文传统、培养目标和教育理念，高职学生也具有与培养目标、培养模式相适应的认知规律，应将这些“习惯性规则”有机地融入学生事务服务的相关制度之中。当然，在进行制度设计时，也要避免出现“学校本位”的倾向，即制度设计不能过于注重学校的既得利益，而应以有效服务为前提，构建成本、制度与实效的平衡。

4. 管理运行机制

运行机制是指在人类社会有规律的运动中，影响这些运动的各因素的结构、功能、相互关系以及这些因素产生影响、发挥功能的作用过程和方式。它是引导和制约决策，并与人、财、物相关的各项活动的基本准则和相应制度，是决定行为的各种相互联系、相互作用的内外因素及相互关系的总称。在高职院校的学生事务工作中，要保证各项事务工作目标和任务的真正落实，就必须建立一套高效、灵活、协调的运行机制——学生事务服务管理运行机制。这种机制在内容上涵盖规范化的事务服务流程、学生主体参与机制、项目或活动责任机制、项目或活动过程控制机制（明确第一责任主体；执行流程；准确研判及处置应对）以及激励与约束机制、信息反馈机制、服务失效补救机制、事务服务考核评价机制等系列制度设计，通过事务服务促进学生发展，满足学生非学术性生活服务、成长成才等多方面的发展性需求。

目前，各高职院校学生事务服务在管理运行中存在主要的问题是信息数据的共享与处理。传统的各部门建立的各自相对独立的学生信息数据系统，很多不能兼容，呈现信息孤岛现象，“谷仓效应”明显。

为实现学生事务服务的高效率和多层次，应在事务服务中心（大厅）信息化建设初期，高度重视信息数据的共享，这也是图 1 所示组织架构能够高效运行的技术保证。可以预期，随着各高职院校校园信息化建设水平的进一步提高和智慧校园建设的完善，假以时日，这个问题有望得到彻底解决。

另外，在逐步实现信息数据共享的同时，高职院校的学生事务管理运行要适应变化、与时俱进，即应建立实用便捷的学生事务网络应用平台，借助手机应用软件实现网上事务服务。调查统计表明，高职院校超过 90%的学生使用智能手机，其中 85%以上的学生使用手机 QQ、微博、微信或其他社交媒体。①网络和新媒体已经是学生主要的信息交互空间，事务服务应着力加强这些平台的开发与运用——通过创新性使用网络技术平台，推进“易班”试点，开发学生手机应用软件，在为学生提供网上事务服务的同时，激励学生通过手机平台进行网上学习。在网络管理运行中，要建立与之相适应的工作制度，建立专业化队伍进行网络管理运行与维护，避免形式化。与此同时，在网页设计、宣传策划、工作流程、办事指南、生活安全提示、学习及娱乐网站链接等栏目的设计中，充分使用学生喜闻乐见的图形图像语言，使高职学生易于理解、乐于使用，拓宽服务面向，提高服务效能。

5. 考核评价机制

作为管理运行的重要组成部分和内容，需要建立并不断完善学生事务服务考核评价机制。根据高职院校学生事务服务工作特点和岗位要求，结合图 1 所示标准化模式的组织架构，在学生服务专门人员的考核评价方面，可采用目标管理法和评分表法相结合的方式开展。对专业工作人员（指导老师）的考核，宜采用目标管理法，侧重以结果为导向的绩效评价，每人都有明确的若干具体指标，这些指标是其工

① 此处数据为当时调查的数据。

作有效开展的关键目标；对参加服务工作的学生的考核，宜采用评分表法，列出一系列绩效因素，如工作的数量与质量、出勤、工作完成率、团队合作性以及创新能力等，然后按一定分制逐一进行定性和定量相结合的评分；对部门的考核可主要采用学生信息反馈与抽样调查的方式进行，即请接受事务服务的学生进行满意、基本满意、一般和不满意评价，综合考虑学生实名或匿名信息意见以及通过学生座谈、学生访谈、抽样学生约谈获得的信息。特别地，高职院校要在对学生提供事务服务的过程中，潜移默化地加强对学生进行规范意识和服务意识、职业意识和职业态度、职业素养的培养与养成教育，使学术事务中培养出来的职业技能与职业精神养成有机结合，进而提高其综合素质。这是因为，高职院校众多毕业生成功发展的经验表明，高职学生的成长成才与成功大多取决于基于掌握基本专业技术技能的学生情商的高低。

6. 拓宽事务服务项目机制

通常，开展事务服务的项目越多，越能够为学生提供更多的服务。从国外高校学生事务服务项目设置来看也符合这一理解。以美英为代表的发达国家高校学生事务服务项目众多，几乎覆盖了学生在校学习生活的方方面面（住宿是个例外），成为学生完成在校学业的保障，同时也是考核学生课余活动的重要依据。

据统计，高校中的学生事务约有 70 多项，但行政机构设置决定了大部分学生事务服务事项只能由相关行政职能部门完成，从某种程度上讲，这也与高校目前的“大行政、小学术”现象有关。现代大学的发展趋势决定了学生事务服务在高校教育管理体系中居于非常重要的地位，因此，一所高校学生事务服务项目的发展也体现了这所学校教育管理理念与水平的高低。虽然，我们不可机械地以高校提供学生事务服务项目的多少判断服务的优劣，但作为培养高素质技术技能专门人才的高职院校，应立足高职学生一般性事务服务，着眼学生未来发展需要，服务学生当下重要的、切身相关的事项，如社会实践开展、素质拓展管理与服务、创新创业指导与服务等，并在此基础上进行项目优化整合，凸显学生事务服务的有效性、时效性和发展性。

7. 结语

高职院校独特的功能定位和办学模式、人才培养目标和培养模式、育人环境和生源特点，决定了其学生事务在工作理念、组织架构、制度建设、管理运行、考核评价等内部机制方面应守正出新、改革创新。唯有如此，才能真正践行以人为本、德育为先的教育理念，才能真正落实高职学生职业技能与职业精神的融合，才能适应并满足国家产业升级转型对于高素质技术技能人才的需要。

参考文献：

[1] 王秀彦，高春娣. 高校学生事务管理概论[M]. 北京：高等教育出版社，2009.

[2] 陈玉华，罗琳，张霓. 国内外高校学生事务服务的比较研究与启示[J]. 成都航空职业技术学院学报，2014（4）.

[3] 马廷奇. 大学转型：以制度建设为中心[M]. 北京：社会科学文献出版社，2007.

[4] 斯蒂芬·P. 罗宾斯，玛丽·库尔特. 管理学[M]. 北京：中国人民大学出版社，2012.

[5] 于娜. 学生事务工作“进化论”——专访美国波士顿大学教授乔尔·H. 斯科特[J]. 麦可思研究，2014（4）.

[6] 王林清，马彦周，张建和. 高校学生事务管理规范与服务标准[M]. 北京：中国文史出版社，2014.

该文刊登于《成都航空职业技术学院学报》2016 年第 2 期

附录 2：学生事务服务相关工作制度

一、《成都航院学生事务服务大厅章程》

第一章 总 则

第一条 学生事务服务大厅全称成都航空职业技术学院学生事务服务大厅（以下简称“大厅”）。

第二条 大厅性质

大厅是成都航空职业技术学院学生事务办理的“一站式”服务组织。

第三条 大厅建立目的

为进一步加强和改进我校大学生思想政治教育工作，落实学校教育事业发展规划中对学生全面发展的要求，进一步转变学生管理工作观念，树立育人为本、德育为先、服务成长、促进发展的思想，结合学校实际，建立具有高职教育特色的学生事务服务大厅，为广大学生提供学习、生活等多方面的服务。

第四条 大厅的服务宗旨

情系学生、关爱学生，全心全意服务学生。

第五条 大厅的服务理念

一切为了学生、为了一切学生、为了学生一切。

第六条 监督管理

大厅接受成都航空职业技术学院学生工作部的监督管理，并遵守学校及学生工作部的各项规章制度。

第二章　组织与功能

第七条　大厅功能定位

成都航空职业技术学院学生事务服务大厅隶属于学生工作部，旨在为学生提供非学术方面的事务办理服务。大厅着眼学生未来发展，着手学生当下诉求，围绕学生的学习生活、学业发展、帮困助学、创新创业、就业指导、职业生涯、后勤服务等实际需要，是集咨询服务、事务办理、信息发布、预约服务、专题访谈为一体的全新学生工作平台，学生工作部、校团委、教务处、信息技术中心、图书馆、就业与创业指导中心、保卫处、后勤服务总公司、基础教学部等联合在学生事务服务大厅设立服务窗口（含因地制宜单独设立分窗口），为广大同学提供方便、快捷、高效的事务办理服务。

第八条　组织机构

成立学生事务服务大厅领导小组：

组　长：陈玉华（党委副书记、分管学生工作副校长）

副组长：邹　勇（党委学生工作部部长）

成　员：尹成鑫　付　涛　胡勇强　刘晓辉　甘　春　王　津
王　平
各二级院系书记/副书记

下设办公室，负责具体工作业务的组织、协调与推进工作，成员如下：

主　任：邹　勇（党委学生工作部部长）

副主任：张　霓（党委学生工作部专职学生事务服务干事）

成　员：学生工作部、校团委、教务处、保卫处、图书馆、就业与创业指导中心、后勤服务总公司（后勤服务大厅）、信息技术中心、二级院系学生工作相关人员等

第三章　工作时间、服务内容与要求

第九条　工作时间

1. 指导教师工作时间安排

星期一至星期五 9:00—17:00;其余时间电话指导开展服务工作。

2. 学生团队工作时间安排

星期一至星期五 9：00—20：00，星期六 10：00—17：00；其余时间电话值班或网上应答。

第十条　服务内容

大厅所办理的学生事务性工作，一般具备以下特征：一是能在学生事务服务大厅拥有的条件下完成办理的；二是可一次性办理完成（“一站式”服务）；三是无须学校其他行政或职能部门在场即可办理的；四是大厅所办理的学生事务性工作，其他部门、单位不再办理。

大厅主要服务内容如下（可根据发展变化情况适时进行增减）：

项目类别	典型事项
申请（预约）类	勤工俭学类；社会实践及志愿者活动类；学生医保；校内场地和设施使用预约类；代办火车票、飞机票等；专家预约（心理、职业规划）；驾校；申请加入社团、校院两级学生会；生活服务保障等
意见类	对学校和专业教育教学及管理服务的建议；校园文化及校园环境建议等
证照办理	学生证、身份证、团员证、社团证件等相关证件的申请、咨询与办理
缴　费	学费、住宿费，水电费、电话费、网费，校园一卡通缴费，意外损坏设备设施维修费等
其　他	学生创新创业咨询与指导；学生兴趣爱好咨询与指导；奖助学金、奖品领取手续办理；失物招领；学校影院电影票兑换；新书推介；其他学生学习生活服务咨询指导等

第十一条　工作人员行为规范

1. 本着方便学生办事、解决学生困难、维护学生权益、促进学生成长的原则，积极开展学生事务服务相关工作。

2. 服从工作安排，在相关负责人总体协调、部署和安排下开展工作。

3. 工作中主动热情为学生服务，做到快捷高效，不推诿、不拖延。

4. 大厅工作人员具体行为准则、服务条例另文制订。

第十二条　学生团队架构

大厅学生工作服务团队主要由宣传策划部、技术开发部、接待形象部组成（根据发展和工作需要可适当增加）。该三个部门由两位学生团长进行统筹考核，整个学生服务团队由学生工作部进行指导和管理。

宣传策划部主要工作范围：制订本年度学生事务服务大厅工作计划；制作本年度每期学生事务服务大厅活动策划、宣传；利用新媒体、新技术手段宣传成都航院学生事务服务大厅，发布近期大厅活动安排等。

技术开发部主要工作范围：对学生事务服务大厅应用软件进行日常维护；对学生事务服务大厅应用软件进行新的系统平台开发和更新；及时解决柜台服务人员技术问题；学生事务服务大厅网站、学生资助系统网站的更新等。

接待形象部工作范围：负责大厅服务柜台接待工作；大厅工作人员值班安排；大厅设施设备日常清理；学生资料、人流数据的统计与报送等。

第十三条　办事流程

1. 事务办理申请人是成都航空职业技术学院在册学生。

2. 申请人可针对在校期间学习、生活等方面的困难寻求帮助。

3. 所有的服务事项都有一个基本类似的服务流程，以确保保证服务的标准和规范。

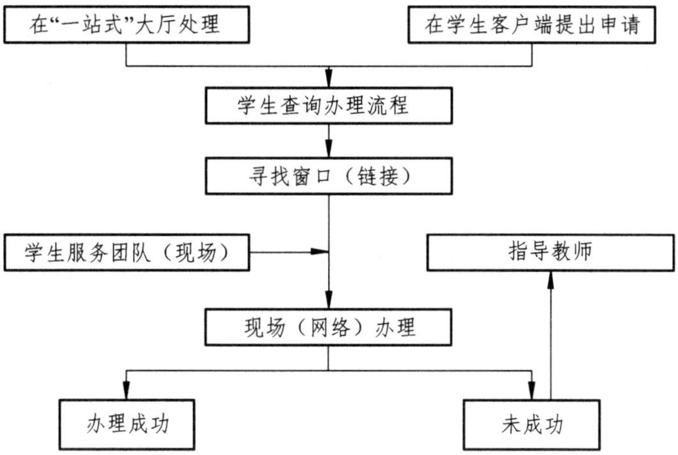

勤工助学申请事项办理流程简图

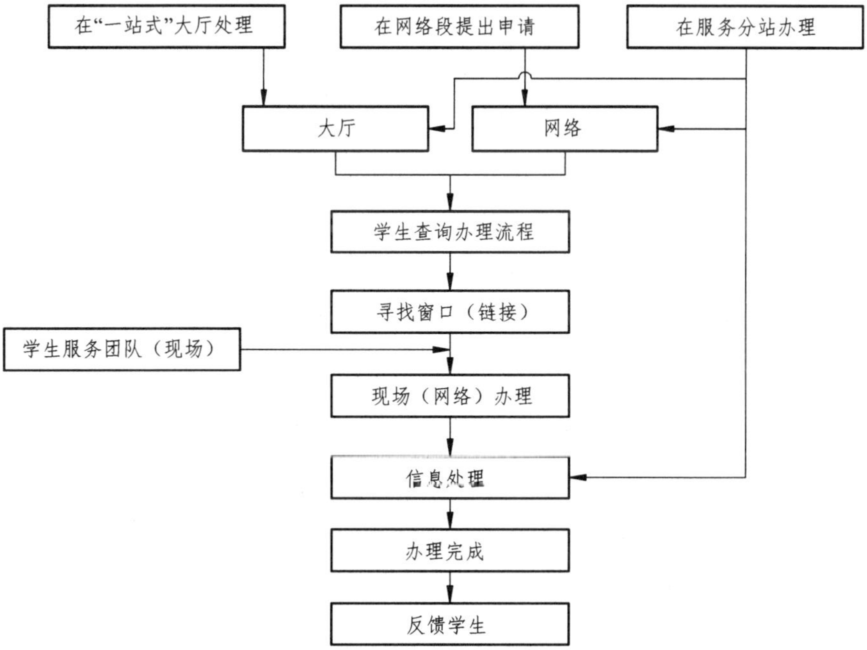

校园生活事项办理流程简图

第四章　附　则

第十四条　本章程由成都航空职业技术学院学生工作部负责解释。

第十五条　本办法自 2014 年 09 月 01 日起施行。

二、《学生事务服务中心学生工作团队管理办法》

第一章　总　则

第一条　为保证学生事务服务中心（以下简称中心）工作的正常顺利开展，强化内部管理，提高服务质量，规范行为准则，着力建设一支和谐团结、积极向上、敢于创新、勇于突破的队伍，努力将中心打造成“服务育人”与“全员育人”的示范窗口，特制定本办法。

第二条　本办法适用于中心学生工作团队所有成员。

第二章　组织架构与岗位设置

第三条　中心学生工作团队接受学生工作部指导与管理，由宣传策划部、技术开发部、接待形象部等三个部门组成，奉行“学生自治”原则，由两名学生团长进行统一管理与考核。

（一）设团长两名，部长三至六名，干事若干名。

（二）团长职责

1. 传达学校有关中心的方针、政策和精神，组织、协调、管理好团队，完成学院布置的任务。

2. 总体负责和监督中心组织活动和中心日常工作，制定工作计划，组织、策划中心的各项活动，并及时将工作情况以书面或口头形式汇报给学生工作部指导教师。

3. 主持召开中心学生工作会议，并组织团队成员参加其他重要会议。

4. 监督中心的各项规章、制度及既定工作计划的执行和实施情况。

5. 对各部门部长进行工作安排、监督、考核。

（三）部长职责

1. 参加中心例会和中心会议，完成各项工作任务。

2. 对本部门干事传达与安排日常工作与特殊工作。

3. 组织本部门会议，做好人员的分工协作工作。

4. 对本部门干事进行工作监督与考核。

（四）干事职责

1. 参加中心例会和中心会议，完成各项工作任务。

2. 对中心的建设发展提出合理化建议。

第四条 权利与义务

（一）中心学生工作团队成员享有大学生应有的一切权利，认真履行大学生应承担的一切义务。

（二）团长可以对中心成员的工作做出指示和决策，成员对中心工作和活动有负责的义务。

第三章 竞聘程序

第五条 中心学生工作团队既是一支面向学生、服务学生的学生干部团队，又因值班工作占用大量课余时间的关系，属于勤工助学岗位，所有岗位在全校范围内公开招聘，申请参加中心工作的学生必须具备以下条件：

（一）遵纪守法，品德优良。

（二）学习认真，成绩合格。

（三）服从管理，工作负责。

（四）身心健康，团结协作。

第六条 采取竞聘上岗和推荐上岗两种形式确定上岗人选，具体根据岗位性质而定。人员的录用，应本着公开、公平、公正的原则，综合考虑申请学生的在校表现。

第七条 符合申请条件并有工作意愿的学生，须向中心提出申请，由中心学生团队进行审核、登记、建档。

第八条　招聘信息由学生工作部统一发布，公布待聘岗位的岗位名称、人数、职责、工作时间、劳务报酬、招聘条件、招聘时间、招聘地点等，符合申请条件的学生可以参加应聘，应聘时须提交本人本学期课程安排表。

第九条　工作期满一学期的干事，可参加在下一学期初举行的公开竞聘会上竞选部长或团长职务。

第四章　职能范围与日常工作

第十条　中心学生工作团队的职能范围

（一）宣传策划部

1. 制订本年度中心工作计划。

2. 制作本年度两学期的中心活动策划、宣传。

3. 充分利用新媒体、新技术手段推广中心，做好形象宣传工作，发布近期中心活动安排。

（二）技术开发部

1. 对中心应用软件进行日常维护。

2. 对中心应用软件进行新的系统平台的开发和更新工。

3. 做好中心网站、学生资助系统网站的更新工作。

4. 及时解决柜台服务人员遇到技术问题。

（三）接待形象部

1. 负责中心服务柜台接待工作。

2. 安排中心成员的值班工作。

3. 中心设施设备的日常清理。

4. 学生资料、人流数据的统计与报送。

第十一条　中心学生工作团队的日常工作

（一）证件办理窗口

团员证办理、补办、注册；学生证办理、补办、注册（学生注册需要核对学生欠费信息）；火车票优惠卡办理、充值；校园一卡通的挂失、充值；银行卡信息修改等。

（二）咨询窗口

学生在校证明办理；学生参军入伍等相关政策事项的咨询和公布；学校交换生政策、信息、事项的咨询和公布；校徽、团徽、党徽的购买；专升本相关政策的咨询等。

（三）资助中心窗口

学生助学贷款 POS 机还款；学生助学贷款反馈表审核盖章；学生助学贷款详细信息的录入存档；学生勤工助学岗位的发布与招聘、银行卡发放与激活；学生假期留校申请等。

（四）杂项类窗口

教学楼教室申请；英语及计算机等级考试、培训报名、成绩查询；学生处分撤销申请、申诉申请；文化素质学校学生上课凭证；学生寝室上网网费充值等。

第十二条　值班工作要求

（一）各部门值班人员应根据《成都航空职业技术学院学生事务服务中心值班表》，按时到中心值班，不可无故缺勤。

（二）值班人员到达值班地点后以及值班结束后须在《值班登记簿》上签到，以便日后考核个人表现，不签到者视为缺勤。

（三）值班人员若因特殊原因无法出勤，事前须向本部门部长提交书面请假申请，经审批通过后方可生效，否则视为无故缺勤。

（四）值班人员在值班过程中要积极热情地接待来访者，努力解决来访者的问题。

（五）值班人员在值班过程中不可大声喧哗，不得干扰他人工作，不得处理私事及接待私人来访，值班期间不可有不雅行为。

（六）值班人员应处理好中心的临时事务，并及时向相关负责人汇报。

（七）值班人员值班完毕待到下一名值班人员到场后方可进行工作交接，每天最后一班值班人员在工作结束后要做到人走灯灭，及时关闭空调、电脑等电源，厉行节约。

第五章 工作考核与报酬发放

第十三条 考核原则

（一）实事求是地反映和认可各干事对中心工作的贡献。

（二）应以确认的事实或者可靠的材料为依据。

（三）应以规定的考核内容及其事实为依据。

（四）应坚持公开原则，每位干事应了解自己的详细考核结果。

第十四条 考核制度除下列人员外适用于全体干事

（一）处于考察期的新学生干事。

（二）因私、因病、因伤及不可抗力因素而缺勤三日以上的干事。

第十五条 考核者的职责

（一）必须依据日常工作中的事实做出评价。

（二）在考核的过程中，注意加强上下之间的沟通。

（三）应根据考核评论的结果，对被考核者进行一定的工作指导。

第十六条 考核时间为每月 26 日，遇到重要节假日则延后。

第十七条 考核一般程序

（一）各干事根据本人的实际工作情况，认真填写《学生事务服务中心学生干事考核登记表》。

（二）每月召开中心例会时，由中心学生工作团队团长统筹，确定排名前 20%的人员为优秀成员，并公布名单。

（三）团长应在考核结束后，与干事进行面谈，并提出改进意见。

第十八条 每学期中心召开民主评议会，中心团长、部长进行分别述职并考核。

第十九条 考核分值总分为 100 分，其中中心指导教师意见 40 分（包括出勤状况 10 分、工作努力度 10 分、工作态度 10 分、工作创新度 10 分），主席团意见 30 分，部门干事意见 30 分。

第二十条　每学期根据团员的最终绩效考核分数的排名，前 20% 将被评为“优秀学生服务工作者”，并作为年终参选学校“勤工助学优秀个人”的依据。

第二十一条　考核表的保管和查阅

（一）考核表由团长负责保管。

（二）如干事需要查阅自己有关绩效考核的内容时，可以提出查阅请求。

第二十二条　缺勤处理

（一）缺勤包括日常值班缺勤和例会缺勤。

（二）在工作中迟到、早退的，按缺勤一次处理。

（三）在未批准的情况下擅自离岗的，按缺勤两次处理。

（四）每学期缺勤次数达到 3 次的，将予以辞退。

第二十三条　辞退处理

（一）达到以下情况之一的，将予以辞退。

1. 严重违反中心管理制度，经教育或警告无效者。

2. 试用期的学生干事考核不合格者。

3. 学期末考核不合格者。

（二）辞退需提前书面通知其本人，并且办妥离职手续和相应交接手续。

1. 交还所领用或保存的公共物品（钥匙、文档等）。

2. 认真交接本人所承担的工作（含已完成及未完成的工作及数据的纸质稿及电子档）。

3. 其他应移交的工作。

第二十四条　值班人员的工作报酬依据《成都航空职业技术学院勤工助学管理办法》规定的标准按月发放。

第六章　附　则

第二十五条　本办法由成都航空职业技术学院学生服务中心办公室负责解释。

第二十六条　本办法自 2015 年 11 月 01 日起施行。

三、《成都航院学生事务服务中心学生工作团队规章制度》

工作宗旨：服务同学、锻炼自我

工作准则：和谐团结、积极向上、敢于创新、敢于突破

为了保证成都航院学生事务服务中心工作的正常顺利开展，加强中心学生工作人员的内部管理，提高其思想素质和工作能力，强化中心学生工作人员的组织建设，规范行为、杜绝陋习，建设一支和谐团结、积极向上、敢于创新、乐于奉献的队伍，热心为全校学生服务，主动维护广大同学的利益，特制定本制度。

一、会议制度

（一）关于例会

例会是中心学生工作人员工作组织和自我管理的一项重要内容。通过会议可以及时地制定工作安排和总结经验，并及时发现和解决工作中存在的问题和不足，从而不断改进和提高工作质量。

（二）例会和参加会议者应履行的职责

1. 每个星期先召开全体会议后各个部门需召开一次例会，分析部门本周的工作状况、对下周工作做出安排，并对新生干事进行培训和考察，部门负责人要与大一新生干事轮流进行工作小结。各个部门每个月需要召开一次单独的月例会，主要是总结部门工作的得与失以及如何加强部门成员之间的联系。与会者应提前 5 分钟到场开会，不迟

到、不早退、不旷会。

2. 各部门负责人每周提前进行工作分析和小结，提出问题，制订改进措施，并对工作中的过失进行反思。

3. 请假须填写请假单，并交由本部门负责人签字，最终由中心负责老师审批签字同意方可（假条留存）。

4. 按会议通知内容的要求，提前做好准备，会上踊跃发言；尽量缩短会议时间，提高会议效率。

5. 分部门例会需由部门负责人组织召开，全体会议须严格考勤。

6. 出席会议时全体与会成员须自带笔和笔记本，并做好会议记录。

7. 出席会议成员须佩戴工作牌，穿戴得体，不得穿拖鞋、穿背心。

二、工作制度

1. 各部门在学期初第一次例会时，拟一份本学期总体工作计划交办公室。

2. 各部门在学期末，拟一式两份本学期工作总结交办公室存档。

3. 各部门组织活动前两周把工作计划交与办公室，活动结束后两天之内把工作总结交与办公室

4. 各部门需要对自己部门所举办过的活动以及相关的事情做一个记录存档，于期末的时候交与办公室存档。

5. 办公室负责执行电子档案制度，把一切书面文件进行电子存档，以便日后保存、查阅和调用。

6. 各部门必须积极协助活动主要负责部门开展活动，及时完成交办的工作任务，不得拖延。

7. 各部门干事干部要明确自己部门的职责，履行好自身义务，积极主动地开展工作。

8. 各部门干部干事要严格遵守宿管中心条例，树立良好榜样，不得违反。

9. 各部门之间要团结互助、相互监督，不得有搞小团体、个人主义等不正之风。

10. 各部门之间加强联系，做到信息传递的快捷化和准确化，努力提高办事速度和效率。

11. 部门干事见面要互相打招呼,遇见各部部长以及主管老师要主动问好。

12. 一学期各部门之间要举行3—5次团体活动，加强部门之间的联系。

13. 举行重要活动时，要由宣传部及时整理活动内容并向学校报送新闻稿，使全校师生了解学生事务服务中心所开展的活动。

三、财务制度

1. 相关经费在中心学生工作人员主管（指导）老师、学工部的监督下独立支配使用。

2. 学生事务服务中心是为同学服务的组织，经费和收入都要用在为同学服务上，实行统一管理。

3. 中心学生工作人员日常开支由主管老师审核、批准、报销。

4. 学生事务服务中心组织的大型活动经费应当在活动前制作经费预算表交中心办公室备案。活动期间由生活部统筹经费，活动结束后应将制作经费结算表附发票或收据单交中心办公室。

5. 中心各部门的报销凭条一律采用发票，不得乱报或虚报金额，由中心办公室和主管（指导）老师进行审核。

6. 所有活动的经费使用都必须在活动开展前的计划书上做出经费预算，努力节约开支。

7. 学生事务服务中心及各部门举办的任何活动的账目应清晰明了，由主管（指导）老师及中心办公室定期公布收支情况。

8. 中心工作人员尽量做到每个活动都拉赞助。生活部联系赞助的同时必须留存赞助方的有效联系方式（法定代表人姓名、地址、电话等）以便日后核查，并将本次所拉赞助的金额、实物写明，保留收据凭条，活动后交与办公室保存。

9. 中心各个部门在聚餐或是开展活动后，部门负责人应公示所支出的项目及金额；相关收据由生活部审核，每学期期末交与办公室。

10. 中心开展各项活动要本着实事求是、厉行节约的原则制作经费预算。活动过程须严格执行经费预算，活动实际经费不得超出预算经费。

11. 每学期期末由团长统计本学期所使用经费金额,及时总结分析所存在的问题和不足，并把该总结交与中心主管（指导）老师审核，为下学期调整和改进预算提前做好计划。

四、考核制度

为规范中心学生工作人员行为，强化中心学生工作人员管理，促进中心学生工作人员工作质量提高，真正做到奖罚分明，制定本考核制度。

（一）考核方法

1. 实行积分量化考核制度：每人每学期的基础分为 20 分，根据每人工作情况进行加分或扣分（由各部门部长及人事部共同进行考核，部长由纪检主席考核，每个月部门考核情况由人事部交与办公室；办公室汇总各部门考核情况及业绩，将各部门表现出色的个人展示于目视板并上传至工作群共享，激励大家）。

2. 考核对象：学生事务服务中心所有工作人员。

3. 考核管理：每个月由各部门部长将考核结果上交于办公室；办公室将考核情况公布于群上共享。

4. 考核结果：考核结果是评优评奖的条件，也是对中心学生工作人员干部任免、奖罚的主要依据。

5. 部门中学生干事（工作人员）学期考试如有挂科超过一门（不包括一门）者，由部长劝其退出。

6. 在外实习的同学可以不参加考核。

（二）积分量化标准

个人积分量化标准适用于各部门所有工作人员。有以下情况者扣（加）分：

1. 每学期各部门应根据工作要求制订出工作计划，突出重点内容，期末写出工作总结。

（1）无工作计划或总结的，每缺一份，扣 2 分。

（2）工作计划或工作总结撰写不够认真，扣 1 分。

（3）迟交工作计划或工作总结，扣 1 分。

2. 认真参加学生事务服务中心组织召开的会议或活动，不迟到、不早退、不无故缺席；积极发表意见和建议，主动交流工作经验和体会。

（1）缺勤一次扣 2 分（请假三次计算一次缺勤）；如有两次无故不参加或没有正式假条，直接除名。

（2）迟到、早退、未戴工作牌，一次各扣 1 分。

（3）有影响会议或活动的正常进行的不良行为，一次扣 0.5 分。

3. 中心学生工作人员有损于学生事务服务中心形象者，视情节轻重扣 2—3 分。

4. 各部门开展大型活动或做出重大决定时未与主管（指导）老师沟通者，视情节轻重扣 2—3 分。

5. 搞自由主义、个人主义或不服从上一级工作安排者，扣 3—4 分。

6. 布置会议或活动会场参与情况。

（1）无故不参加者，扣 3。

（2）迟到且表现不积极主动者，扣 2 分。

7. 有以下表现者给予加分：

（1）积极提出合理化意见和建议（对部门或中心学生工作人员管

理以及活动内容）且被采纳的，每次加 2 分。

（2）做出突出贡献或为学校、学生事务服务中心赢得荣誉者，每次加 3 分。

（3）在各项例会/活动中表现积极、踊跃者，加 1 分。

（4）积极参与学生事务服务中心举行的团体活动，加 0.5 分。

8. 干事考核由部长负责，部长及部门考核由纪检副主席及主管老师负责。

五、奖惩制度

（一）奖惩说明

为加强中心学生工作队伍自身建设，调动广大中心学生工作人员工作积极性，促使工作人员严格要求自己，特定本制度。

（二）奖惩标准

1. 评优说明。按照公开、公正、公平原则，每学期评出优秀干事；以“平时评分”和“总评”以及平时表现度和部长的意见为依据进行评选。

2. 处罚细则

（1）凡出现以下情况之一者给予警告：

① 一次未完成布置任务；

② 开会不认真；

③ 各部门成员不得擅自以中心学生工作人员的名义到学校商店购买个人物品；一经发现，将作除名处理并原价赔付。

（2）凡出现以下情况者作开除处理：

① 内部搞分裂、搞帮派，不团结他人，影响工作开展；

② 言行严重败坏学校、学生事务中心学生工作人员形象；

③ 有考试作弊、学校闹事、打架斗殴等违纪现象，受到学校违纪处分。

（3）期末考试有一科补考者，增加考察期两周，表现良好者可以继续留任原职；两科或两科以上补考者，自动退出学生事务中心学生工作队伍。

（三）评优制度

1. 每月组织进行一次评优活动，由各部门部长及副部长依据学生工作人员（学生干事）开展服务工作情况等确定两名优秀干事人选；部门及部长评优由办公室及主管（指导）老师负责。

2. 优秀干事人选须符合以下要求：

（1）各部会议缺勤不超过两次。

（2）积极配合部长开展服务工作，在工作中表现突出，并能提出对所开展的工作有建设性的建议，且表现出较好的工作组织能力。

（3）服从组织领导，尊重部长、主管（指导）老师，无违纪行为。

（四）部长及部门考核

1. 部长考核（基础分 20 分）

实行加减分量化考核，每学期中心将评选优秀部长 2—3 名。凡在工作中表现积极主动，组织领导能力得到大家认可，每学期无挂科现象，且量化考核得分 15 分以上者，可评为优秀部长。

（1）积极带领部门成员主动参加中心组织的团体活动，带领部门成员高效或创新性开展工作，加 1—3 分。

（2）中心例会无故迟到、缺席者，扣 5 分并写出书面检讨。

（3）未及时完成主管（指导）老师交办的工作任务，扣 3 分。

（4）未能有效发挥领导作用，没有积极参加部门事情和所举行的活动，扣 3 分。

（5）未能及时参加中心举行的大型活动，扣 3 分。

（6）如有挂科现象，劝其退出部门负责人。

（7）部长考核由纪检副主席负责；学期考核成绩≥15 分者，具备当选优秀中心学生工作人员的资格；10—15 分者合格；＜10 分者，予以警告；考核≤6 分者除名。

2. 部门考核（基础分为部门人员得分的平均分值）

实行加减分量化考核，每学期中心将评选优秀部门 1—2 个。凡在中心工作中表现积极主动，部门成员在各项活动中表现突出，积极维护学校荣誉且部门成员无违纪现象,期末部门考核量化得分 15分以上，并得到主管（指导）老师及各部长认可，可评为优秀部门。

（1）部门积极组织成员参加中心组织的团体活动，部门成员积极献计献策提出合理化建议并被采纳，加 2—5 分。

（2）中心例会部门成员有无故迟到、缺席者，扣 3 分。

（3）参与大型活动程度不高，或无故未组织部门成员按时参加，扣 2 分。

（4）没有按时完成主管（指导）老师交给部门完成的任务，扣 2 分。

（5）部门之间不团结、强调本部门利益，给学校或中心带来不良影响等，扣 2 分。

六、其他

（一）本制度由成都航空职业技术学院学生工作部制定，可根据实际情况适当进行调整和修订。

（二）中心各部门可制订实施细则，但不得与本制度相抵触。

（三）本制度从发布之日起执行。

四、《成都航院学生事务服务大厅工作人员行为准则》

1. 严守规章制度，规范办事程序，遵守工作时间，认真履行岗位职责，全心全意为学生服务。

2. 工作人员须统一佩带中心工作证上岗，着装整洁、得体、朴实、大方。接待接受服务学生须做到热情大方。

3. 应使用普通话、言语规范，语气谦和、礼貌待人，文明办公、谦逊处事。

4. 自觉考勤，遵守纪律，按时上下班。上班时间不准擅自离岗、串岗、聊天、大声喧哗、吃零食、打瞌睡，玩电脑游戏等；不得处理私事，不接待私人来访。

5. 提供优质服务，做到办事及时，不推诿、不拖延。认真对待学生来电、来信、来访，并及时予以处理或向有关部门领导汇报，妥善解决，提高满意度。

6. 不准以任何形式和借口怠慢、嘲讽、刁难接受服务学生，不得与接受服务的学生发生任何争执；坚持热心耐心细心，树立“中心”良好形象。

7. 对待批评意见，态度要诚恳，有则改之无则加勉。当工作中受到委屈时，要顾全大局，处事冷静，求得理解。

8. 大厅内每天保证有人在接待，凡外出办事应事先请假，经批准后方可外出。

9. 办事认真负责，操作规范，业务精通，提高服务效率。要加强各项工作的业务学习，做到能在需要时替代入驻部门答复处理工作，让办事学生满意。

10. 严禁在大厅内吸烟，不得随地吐痰；保持工作环境卫生干净整洁，努力营造宁静温馨和谐氛围。

11. 爱护公物，保持办公用品、资料摆放整齐、有序，努力创造便利、快捷、高效的办公气氛。办公台上不得堆放手提袋、公文包以外的私人物品，手提袋及公文包要尽量放在隐匿处。

12. 本制度适用入驻大学生事务服务中心的全体工作人员。

五、《成都航院学生事务服务大厅服务标准》

为进一步规范学生事务服务大厅工作，优化办事程序，提高办事效率，强化服务管理，提高服务质量，特制订《成都航院学生事务服务大厅服务标准》，请学生事务服务中心工作人员遵照执行。

一、工作理念

坚持并践行便捷、高效的工作理念。

二、工作准备

1. 适当提前到岗，做好工作前的各项准备工作。

2. 做好办公区域卫生，保持工作岗位整洁有序。

三、仪表仪容

1. 着装得体，落落大方。坐姿端正，站姿挺立。

2. 态度和蔼，举止端庄。言语温和，表达清楚。

四、服务态度

1. 热情服务、语气亲切，态度诚恳、文明礼貌，规范细致、服务周到。

2. 提供服务时要目视对方以示尊重，面带微笑以示友好，颔首点头以示肯定。

五、服务要求

1. 以服务学生成长发展为要务，以方便学生办事为目的，以解决学生实际问题为目标，急学生之所急，想学生之所想，千方百计为学生排忧解难。

2. 坚持高标准、严要求，树立全局观念、服务观念，树立优良工作作风。

3. 爱岗敬业，忠于职守，遵章守纪，勤奋工作，认真履行岗位职责，全心全意为学生服务。

六、注意事项

1. 不得在工作时间用餐、吃零食。

2. 不准大声喧哗、说笑打闹、上网看视频、玩游戏或闲聊 QQ、微信等。

3. 不得在办公场所假寐、打瞌睡。

4. 不得擅自脱岗，或服务时间做与工作无关的事情。

5. 不准非工作人员进入工作区域内，不得有损害服务窗口形象的言行举止。

6. 上岗时须佩戴工作号牌，公示工作座签（牌）。

7. 在岗工作过程中，全心全意为同学着想、急同学所急、为同学提供力所能及的高效、便捷的优质服务。

8. 定期认真检查中心的安全隐患，密切注意用水、用电、用火安全，防火、防盗、防欺骗等；一旦发现问题，及时报告并加以解决。

六、《成都航院学生事务服务大厅工作模式改进方案》

为更好地践行育人为本的教育理念、便捷高效的学生事务服务工作理念，搭建平等、沟通、和谐的服务工作平台，建立务实、创新、高效的工作机制，完善中心服务体系，全面提升服务能力水平，更好地为学生全面发展和成长成才服务，在前期近两年服务实践基础上，对学校学生事务服务大厅工作模式进行了优化和改进。

一、工作模式对比

原工作模式：在学生事务服务中心的服务大厅内，所有事务由学生工作部、团委、保卫处、教务处、现代教育与信息技术中心、就业与创业指导中心、图书馆、后勤服务总公司等单位负责办理；上述相关单位每天安排两个单位的工作人员轮流在学生事务服务中心大厅值班（每天值班 1 个小时，时间段为每天 16：00—17：00，该时间段有半数学生在上课），为前来接受服务的学生解答疑惑，但并不进行实质性的事务办理。若学生需要办理具体的事务，还需学生本人去相关的部门内进行办理。如果学生咨询的问题所涉及的单位当天没人在场，则需要请学生填写预约单，等次日送到相关单位责任人手上后，由其对学生咨询问题进行答复并安排人员处理。

这种大厅服务模式，由于没有实质性地进行事务办理，到学生事务服务中心来咨询的学生，在明确了相关事务的办理地点后，又要前往另外一个地点进行办理；事务服务中心几乎变成了纯粹的事务咨询中心，前来接受服务的学生一日少于一日，由最初的门庭若市到后期的门可罗雀（除信息发布外）。此外，由于没有具体的“办事业务”，对值班工作人员的岗位的归属性要求、奖惩措施等均无法落实，值班及工作制度最后也几乎等同于虚设。

新工作模式：由上述相关单位划分出可为学生直接办理的事务性工作，划分出的工作一般具备以下特征：第一，可在学生事务服务中心服务大厅拥有的条件下完成办理；第二，可一次性在服务大厅办理完成（“一站式”服务）；第三，可完全脱离单位，独立办理；第四，划分出来的工作均由学生事务服务中心服务大厅办理，原单位（职能部门）不再办理。其中，学生工作部的全部学生事务性工作均可划分到学生事务服务中心办理。

在改进后的工作模式中，将划分出来的事务性工作进行分类，形成事务办理专门窗口，实行在不同窗口办理不同的事务性工作；修订完善相关制度和工作流程，并将所有事务办理流程（含事务办理所需材料）上墙；由专门进行过培训的勤工助学学生为接受服务学生办理相关事务。为提高服务工作效率，要求所有事务性工作原则上须当日现场办理完成，不拖延；若学生寻求的服务项目超出工作人员可以处理的范围，则交由指导老师或学生工作部工作人员帮助解决。

二、制度制订修订

为适应性新工作模式下的事务服务工作顺利开展，对服务大厅工作章程及相关工作制度进行了修订和补充完善。目前已经建立的相关制度主要有：《成都航院学生事务服务大厅章程》《成都航院学生事务服务中心学生工作团队规章制度》《学生事务服务中心学生工作团队管理办法》《成都航院学生事务服务大厅服务标准》《成都航院学生事务服务大厅工作人员行为准则》以及值班制度、工作人员岗位设置、工作人员人事变动等管理办法。

三、机构设置调整

学生事务服务中心学生服务核心团队由宣传策划部、技术开发部、接待形象部组成（根据业务发展需要可适时增加），该三个部门由两位学生团长进行统一管理与考核。包括团长在内的学生服务团队接受学生工作部的指导和管理。

宣传策划部主要围绕学生事务服务中心工作进行计划制订、宣传策划、活动安排部署等；技术开发部主要负责中心应用软件系统平台的开发与维护和技术保障工作；接待形象部主要负责事务服务中心服务柜台相关接待工作等。根据事务服务中心业务发展或专门化服务的需要，相机设立相关部门并积极开展工作。

四、学生事务服务模式

进入21世纪以来，高职教育和高职院校的发展如火如荼；高职院校的学生事务服务工作总体上处于起步发展阶段，但却备受关注。因为现代高职教育不仅仅局限于培养技术技能人才，更应着眼于培养全面发展的人。有鉴于此，以学生为本，围绕成长、促进发展、突出服务成为学生事务服务的主旋律。学生事务服务选择的服务模式，所提供的服务项目、服务空间、办事流程、管理运行等，均要体现有效服务学生成长。

为践行“一切为了学生、为了一切学生、为了学生一切”的学生本位服务理念，学校传承文化传统，学习借鉴管理服务主导模式的精髓，在不改变学校机构设置的情况下，结合学校实际，通过设立学生事务服务与发展中心大厅（总站）和体育、后勤服务大厅（专门性事务服务分站）的“总分总”形式，同步开展线下和线上“双线”服务；根据办事流程进行流程化作业，满足学生的事务性服务需求，解决学生学习生活中遇到的问题，为学生提供高效便捷的事务服务。

五、服务项目及分类

统计分析表明，普通高校学生事务服务项目有数十项之多，而高职院校学生事务服务事项同样可达一百多项。经过调研和统计归纳，高职学生主要存在的集中性事务服务需求事项为：勤工助学、校园生活服务、职业规划和社会实践等。为了做到有的放矢，可相应增加这几部分服务的比重；也可根据服务事项的办理类别进行分类，专门化服务，以提高事务服务办理效率（见下表）。

表 1　学生事务服务类别、事项与办理特点

项目类别	具体事项	办理特点
申请（预约）型	勤工俭学	对不符合条件的申请和预约要合理解释和给予建议，做好办理的收尾工作
	社会实践及志愿者活动	
	医保申请、报销	
	场地和设施使用预约	
	代办火车票、飞机票等	
	专家预约（心理、职业规划）	
	科目课程学习指导与咨询	
	驾校学习与报考咨询	
	加入社团、学生会、俱乐部	
	后勤维修与保障服务	

续表

项目类别	具体事项	办理特点
意见型	教育教学及管理服务建议	及时反馈意见和处理结果
	校园文化及校园环境建议	
	其他意见和建议	
证件办理	代办学生证、身份证	提高证件代办速度
	代办团员证、社团证件等	
缴费	学费、住宿费	开通现场缴费和网络缴费等多种形式，方便学生
	水电费、通信及网费	
	维修费	
	一卡通缴费	
杂项	创新创业及兴趣爱好咨询等	涉及面宽，对工作人员要求高
	奖助学金、奖品领取等	
	失物招领	
	学校影院电影票兑换	
	新书推介	
	信息更改	
	信息核对	
	其他	

六、办事流程优化

根据事务服务的性质和特点，几乎所有的事务服务事项都有一个基本类似的服务流程，以确保服务的标准、规范和服务质量。虽然不同的事项在流程细节上有一定的差异，但大致流程是一致的。例如，勤工助学申请和校园生活服务的流程简图分别如下：

1. 勤工助学申请事项办理流程简图

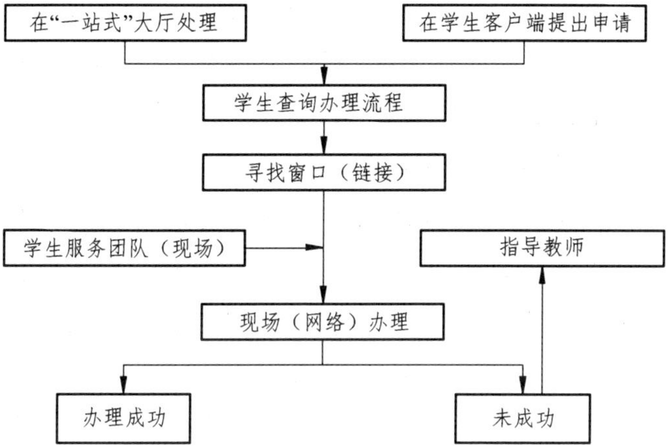

2. 校园生活事项办理流程简图

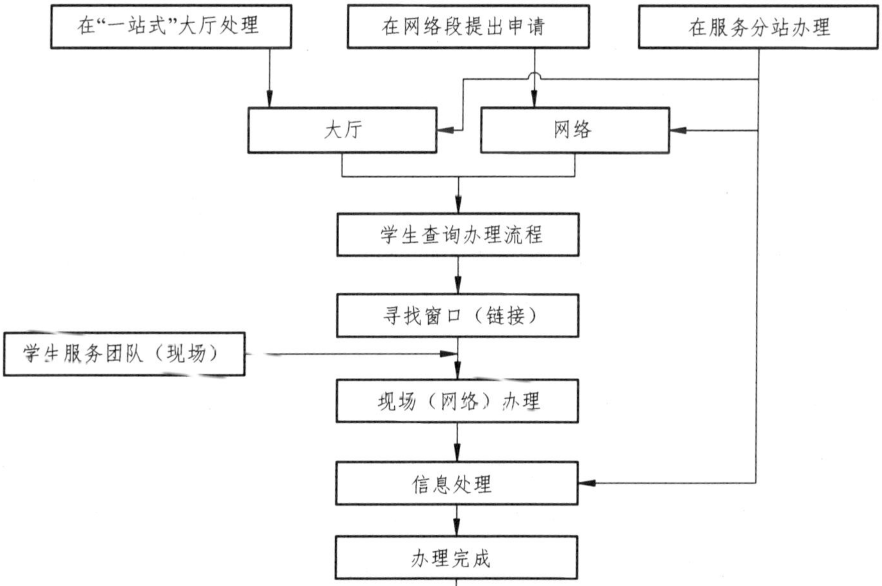

七、服务空间

根据当下高职大学生在校的学业及成长需求，将事务服务大致分为三个空间区域：一是集中开展事务服务的学校学生事务服务大厅服务区域；二是具有专门功能分区的校园各重点场所的服务分站；三是网上全天候的网络空间服务区域。通过上述三个互为补充的服务空间，形成学生事务服务的全方位、全时段、全程的立体化覆盖式服务局面。

1. 事务服务大厅的集中服务

这是当前开展事务服务的高职院校普遍采用的传统事务服务方式。参照行政事务服务大厅的运行模式，大厅内集中了各相关服务项目（如学生证及医保的办理、学生奖助勤贷的申请、校园生活服务等）的设备、人员和资料，学生基本可以在大厅内完成大部分的事务项目服务需求——即实现传统意义上的“一站式”服务。服务大厅的局限是学生必须到现场才能办理，而且服务拓展能力有限。

2. 校园各专门功能的分站服务

在高职院校的一些专门化功能场所，比如教学楼、实训楼、图书馆、文体馆和运动场等，很多学生往往面临一些困难，需要得到事务性服务帮助（如临时借用教室及多媒体设备、实训设备的功能介绍与使用、阅读推荐和书籍需求信息登记、运动场地预约及活动指导等），因此在这些场所设置服务分站存在必要性，而且服务分站因为地处相应专门化功能区域，其服务拓展功能更好。

3. 线上网络空间全时段服务

在信息技术高度发达的当下，大学生使用网络的程度已经越来越高。利用微信、QQ和其他手机软件进行信息获取和处理的学生越来越多，学生生活几乎离不开这些网络新媒体。因此，必须有效利用好网络进行事务服务的办理，发挥网络事务服务不受时间和空间限制的优势。相关服务事项包括但不限于：各种服务预约、充值、在线调查、信息发布、活动投票等。

八、服务人员

事务服务的对象是学生，提供服务的人员可以是教师，也可以是学生，即通过朋辈服务实现学生的自我服务、自我锻炼和自我成长。基于效率以及提高事务服务的自主权和事务服务人员的能动性角度考虑，事务服务团队的人员组成宜专兼职结合，也即服务团队的组成是指导教师+高年级学生。

1. 指导教师

根据相关分析和调查，指导教师的数量可以按师生比（指导教师和在校学生的比例）不低于 1∶5000 的比例配备，且最好是相关领域的专业人才或具有丰富学生工作经验的教师。每名指导教师可独立负责几个方面或部门的指导工作，也可以组成专兼结合的教师团队，共同指导学生有效开展事务服务工作。

2. 学生成员

事务服务团队的高年级学生成员，可以勤工助学的形式加入学生事务服务队伍中来，作为学生成员服务其他同学，且在老师的指导下开展相关工作。学生成员数量根据事务服务工作量大小和寻求事务服务的客观需求情况进行动态调整。为了更好地相互交流和学习，提高学生团队的整体服务能力水平，学生成员应尽可能来自全校各院系的相关专业（学科专业互补以“博采众长”），并采用 AB 岗的工作方式（主岗+辅岗）。

九、运行管理

调查分析表明，高校学生事务服务在管理运行中存在的主要问题是信息数据的共享与处理。传统的各学校职能部门建立的各自相对独立的学生信息数据系统，既存在数据信息不一致现象，又存在信息数据系统不兼容现象，“谷仓效应”明显。为实现学生事务服务的高效和精准，应在事务服务中心（大厅）建设之初加强信息化建设，高度重视信息数据的共享。

在学生服务团队成员的考核评价方面，可采用目标管理法和评分表法相结合的方式进行。对指导老师的考核，宜采用目标管理法，侧重以结果为导向的绩效评价：每人都有若干明确的具体指标，这些指标是其工作有效开展的目标；对学生成员的考核，宜采用评分表法，列出一系列绩效因素，如工作的数量与质量、出勤、工作完成率、团队合作性以及创新能力等，进行定性和定量相结合的评分；对部门的考核可主要采用接受服务学生信息反馈与抽样调查的方式进行，即请接受事务服务的学生进行满意、基本满意、一般和不满意评价，综合考虑学生实名或匿名信息意见以及通过学生座谈、学生访谈、抽样学生约谈获得的信息。特别地，要在对学生提供事务服务的过程中，直接或间接、显性或潜移默化地对学生进行规范意识和服务意识、职业意识和职业态度、职业素养的培养与养成教育，使接受事务服务的学生能够将在学术事务中培养出来的专业技术和职业技能与职业意识和职业精神有机结合，促进其综合素质的提高。

七、《学生事务服务中心手机客户端使用说明》

1. 手机客户端下载与安装

1.1 手机客户端下载

● 打开手机浏览器，输入网址：cap.edu.cn，点击“学工系统”—“资料下载”，下载“学生事务服务中心手机客户端 Beta1.0 版.apk”，在手机直接安装即可。

● 打开电脑浏览器，输入网址：cap.edu.cn，点击“学工系统”—“资料下载”，下载“学生事务服务中心手机客户端 Beta1.0 版.apk”，利用数据线拷贝至手机，在手机直接安装即可。

1.2 环境设置

由于本软件并未正式投入使用，服务器架设于普通计算机上，故客户端和电脑后台端须处于同个网络环境内。

2. 人员设置

● 超级管理员——数据库、程序源代码、后台操作权、手机客户端操作权

● 管理员——后台操作权、手机客户端操作权

● 学生管理员——手机客户端操作权

● 学生用户——使用权

运行软件“Navicat for MySQL”，数据库 localhost_3306—cd—user 分配权限：1 超级管理员；2 管理员；3 学生管理员；4 学生用户。

3. 学生信息导入

为提高本软件系统安全性，防止外来人员扰乱学校正常工作秩序，软件登录不提供注册登录，所有在册学生信息事先全部导入系统后台，每位学生登录名为学号，密码为身份证最后 4 位。

超级管理员登录：

username	password
123	123

导入本学年新入学所有学生信息，系统将会自动生成学生的登录名和密码，选择“批量导入学生信息”——“选择文件”，选择整理完毕的学生信息 excel 表格（97-2003）——“导入”，导入时间大概 5 分钟左右。

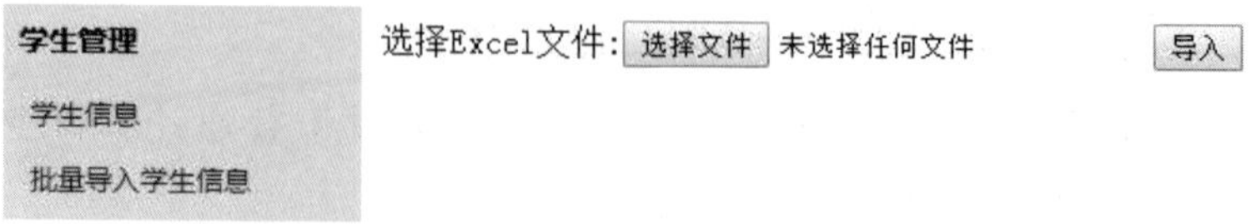

导入信息后即可在“学生信息”内查询，学生可直接登录。

4. 校园资讯

校园资讯包含：校园活动、重要通知、勤工助学。

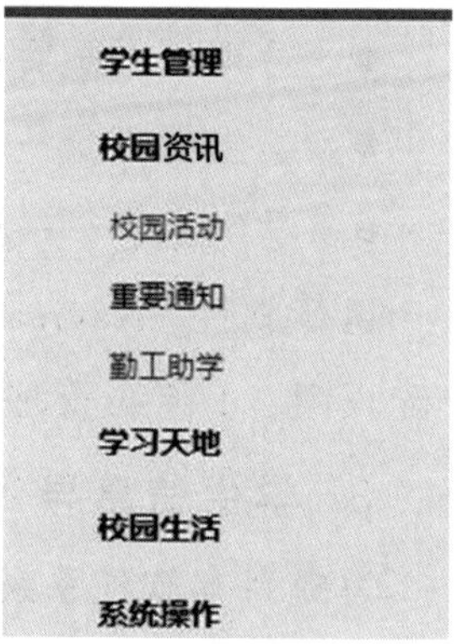

● 校园活动：发布校园所有大小活动，在手机客户端首页进行图文推送，加强活动的宣传作用。

发布者：超级管理员、管理员、学生管理员，须上传图片。

● 重要通知：① 自动抓取学校主页“学院新闻”内容，通过自适应网页调整，在手机客户端进行显示。

② 编辑重要通知信息，在手机客户端进行显示。

发布者：超级管理员、管理员。

● 勤工助学：由学校用工部门提出申请，在此处发布勤工助学招聘信息。

发布者：超级管理员、管理员、学生管理员。

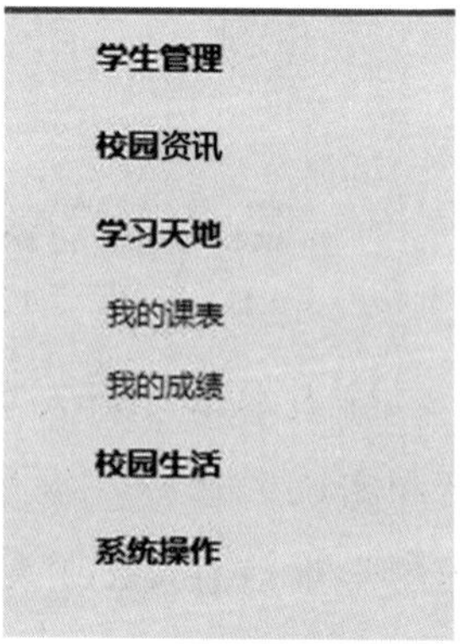

5. 学习天地

学习天地包含：我的课表，我的成绩。

● 我的课表：根据学生学号，系统会自动在学校教务网站抓取学生各个学期的课表，学生可根据学期进行查看。

● 我的成绩：根据学生成绩，系统会自动在学校教务网站抓取学生各个学期的成绩，学生可根据学期进行查看。

6. 校园生活

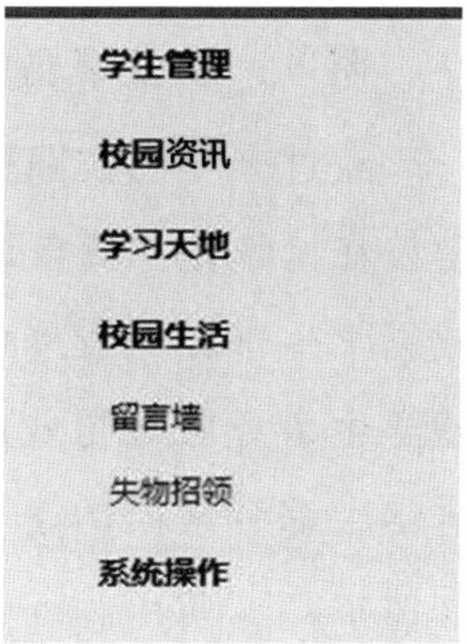

校园生活包含：留言墙，失物招领。

● 留言墙：仅手机客户端能进行留言操作，服务器端只能做 IP 追踪、留言删除、冗余删除、定时清理处理等，后台不能进行留言。

发布者：学生用户。

操作者：超级管理员、管理员、学生管理员。

● 失物招领：发布校园内失物招领信息，共享发布，丢失者、拾到者均可发布。

发布者：学生管理员、学生用户。

7. 系统操作

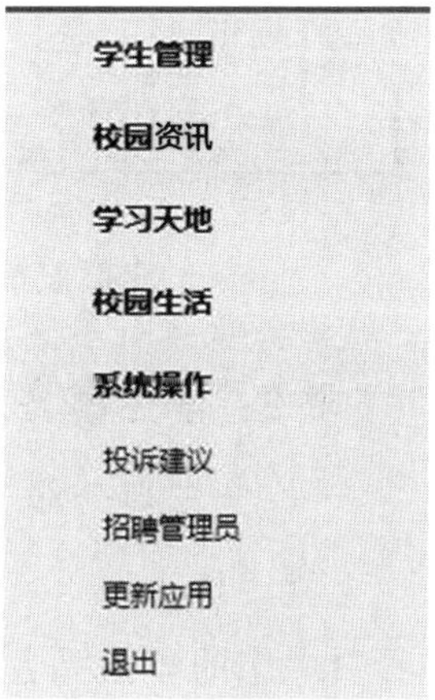

系统操作包括：投诉建议，招聘管理员，更新应用，退出。

● 投诉建议：学生用户对 APP 的各方面可进行无记名建议，亦可进行投票系统发放。

发布者：学生用户。

● 招聘管理员：发布管理员和学生管理员招聘信息，相关面试通知，招聘须知等。

发布者：超级管理员、管理员。

● 更新应用：手机客户端下载 APP 的更新，用于更新 APP 的相关功能，由超级管理员、管理员上传更新文件到服务器并整理发布相关更新信息。

发布者：超级管理员、管理员、学生管理员。

● 退出：不是软件和后台的关闭，是已登录的账号的退出，方便登录其他账号。

附 1：学生事务服务与发展中心平面布局

经过多年的实践探索，基于学生事务服务与学生发展的实证研究，学校在博学楼“黄金口岸”的二楼专门划出 1700 平方米（整个二层），建立学生事务与发展中心，围绕学生的学习生活服务等实际需要，搭建学生事务服务与发展工作平台，在满足学生事务性需求的同时，促进学生综合素质的培养。学校学生事务服务与发展中心功能布局如下图所示。

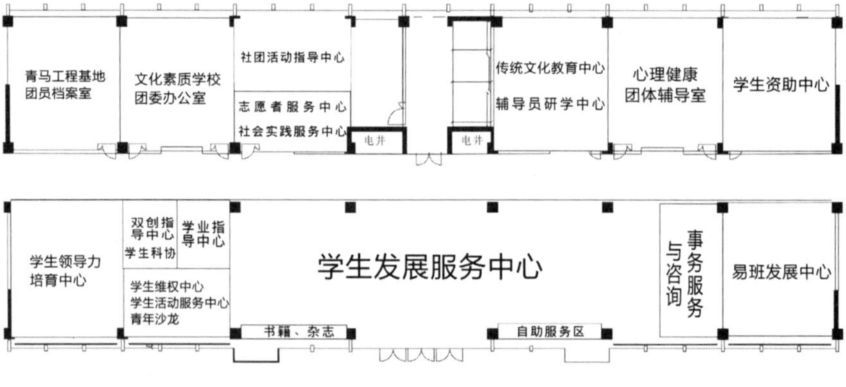

成都航院学生事务服务与发展中心平面布局图

附 2：学生事务服务调查问卷

一、学生事务服务中心调查问卷

（节　选）

1. 您的年级是：

A. 大一　　B. 大二　　C. 大三

2. 您平均每周去学生事务服务中心的次数：

A. 几乎不去　　B. 1—3 次

C. 3—5 次　　D. 5 次以上

3. 您对学生事务服务中心各个窗口服务内容的了解程度：

A. 没听过　　B. 了解一点

C. 一般　　D. 非常了解

4. 您认为学生事务服务中心的服务效率：

A. 没去过，不了解　　B. 不满意，效率太低

C. 一般，无所谓　　D. 很满意，效率很高

5. 您对学生事务服务中心的官方微信、微博及官方 QQ 的了解：

A. 没听过　　B. 了解一点，但没关注

C. 一般，偶尔看一下消息　　D. 很了解，时常关注新消息

6. 您对学生事务服务官方平台上提供的信息的评价：

A. 非常不满意　　B. 不满意　　C. 一般

D. 满意　　E. 很满意

7. 您对学生事务服务中心提供的以下服务最满意的是：

A. 学生资助　　B. 安全保卫　　C. 寝室维修

D. 校园一卡通　　E. 就业培训　　F. 学业帮扶

8. 您对学生事务服务中心有什么样的建议与意见：

____

____

____

二、学生事务服务大厅调查问卷

1. 您的年级是：

A. 大一　　B. 大二　　C. 大三

2. 您所在的院系：

A. 航空制造系/机电工程学院　B. 航空电子系/信息工程学院

C. 建筑工程系/建筑工程学院　D. 管理工程系/管理学院

E. 汽车工程系/汽车工程学院　F. 计算机工程系/信息工程学院
G. 通用航空学院　H. 航空维修系/航空工程学院
H. 民用航空服务系/民航运输学院
I. 士官管理学院

3. 您是通过何种渠道了解到学生事务服务大厅的？
A. 辅导员/领导通知　B. 同学提及
C. 网络平台　D. 办理业务
E. 没有听说过

4. 您对学生事务服务大厅的办事流程熟悉吗？
A. 来过几次，熟悉流程　B. 来过，但不熟悉流程
C. 没来过，不熟悉流程

5. 以下办事窗口您比较熟悉哪几个？（多选题）
A. 总咨询台　B. 证件办理窗口
C. 咨询窗口　D. 资助中心窗口
E. 杂项类窗口

6. 您对学生事务服务大厅各个窗口服务内容的了解程度：
A. 没听过　B. 了解一点
C. 一般　D. 非常了解

7. 学生事务大厅推出的新服务项目，您比较中意哪些？（多选题）
A. 失物招领　B. 爱心存放
C. 爱心图书（二手书回收）　D. 租赁服务
E. 我的意见

8. 您对学生事务大厅的装饰风格有什么样的建议：

____

____

____

9. 您对学生事务服务大厅的现状与发展有什么样的建议与意见：

____

____

____

附录 3：学生事务服务工作基本流程

一、国家奖学金评选流程图

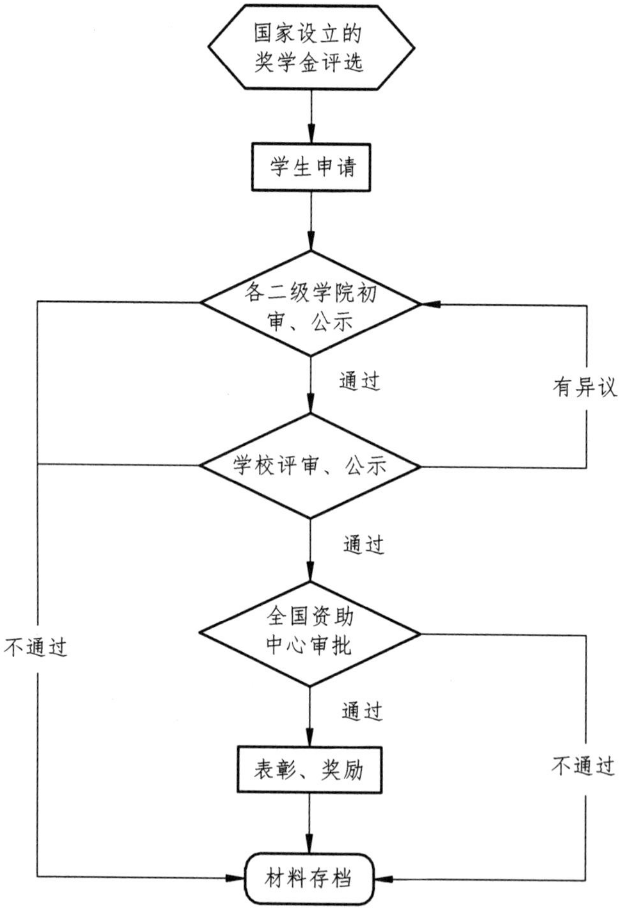

二、企业/社会类奖学金评选流程图

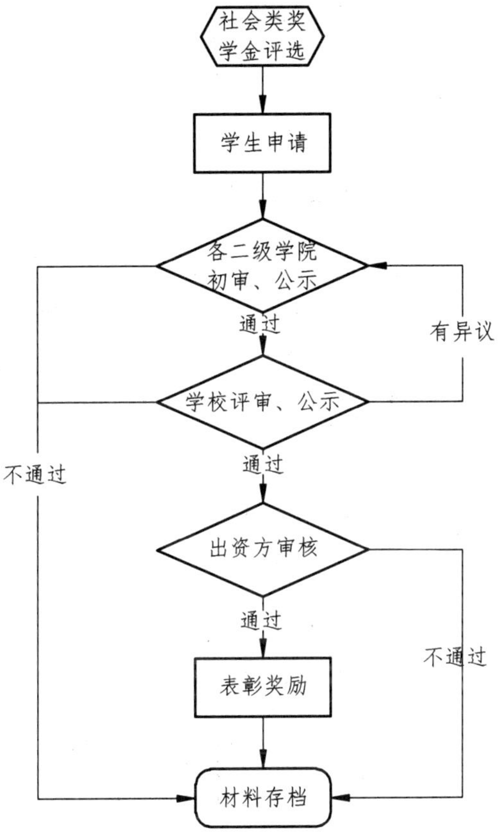

三、家庭经济困难学生认定流程图

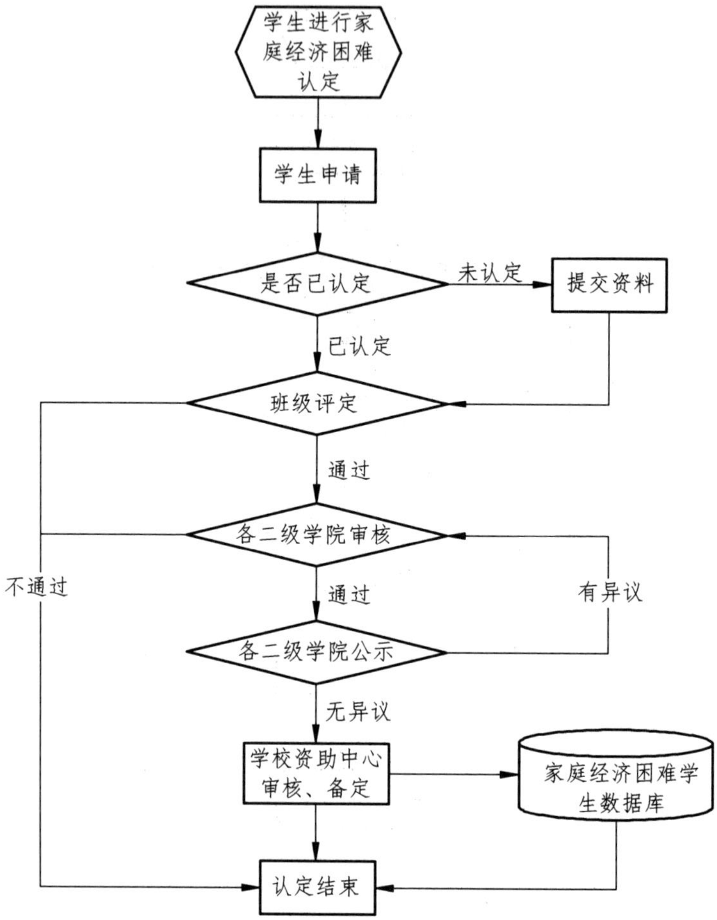

四、国家助学金评定流程图

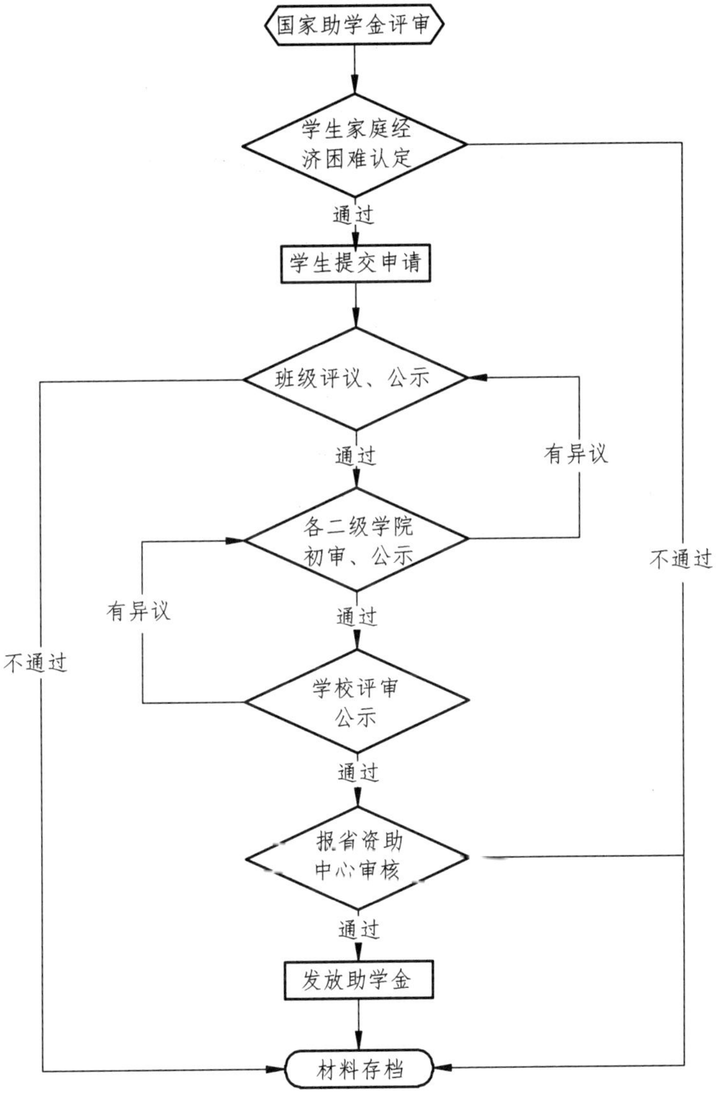

五、学生荣誉称号授予流程图

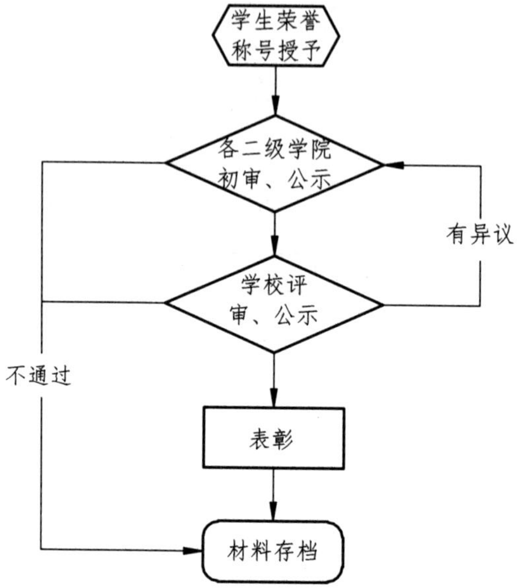

六、学生心理咨询流程图

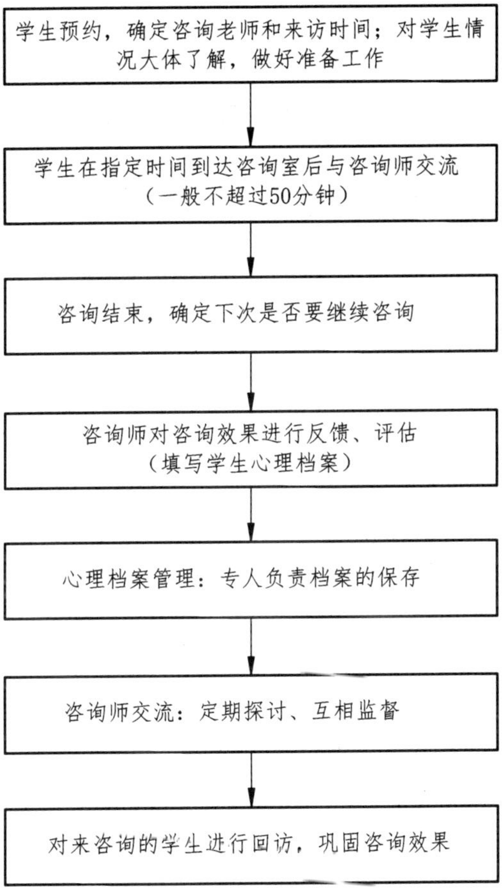
学生预约，确定咨询老师和来访时间；对学生情况大体了解，做好准备工作
学生在指定时间到达咨询室后与咨询师交流（一般不超过50分钟）
咨询结束，确定下次是否要继续咨询
咨询师对咨询效果进行反馈、评估（填写学生心理档案）
心理档案管理：专人负责档案的保存
咨询师交流：定期探讨、互相监督
对来咨询的学生进行回访，巩固咨询效果

七、危机干预快速反应绿色通道流程图

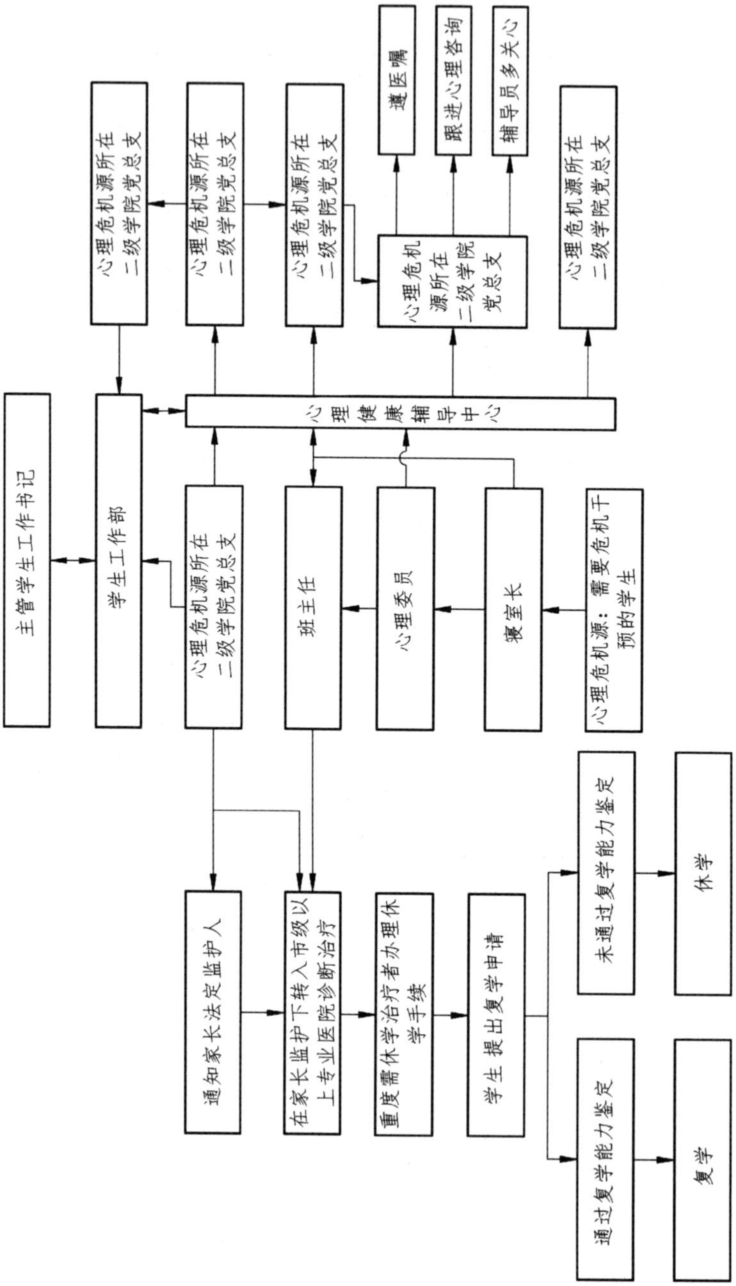

八、学生日常违纪处理流程图

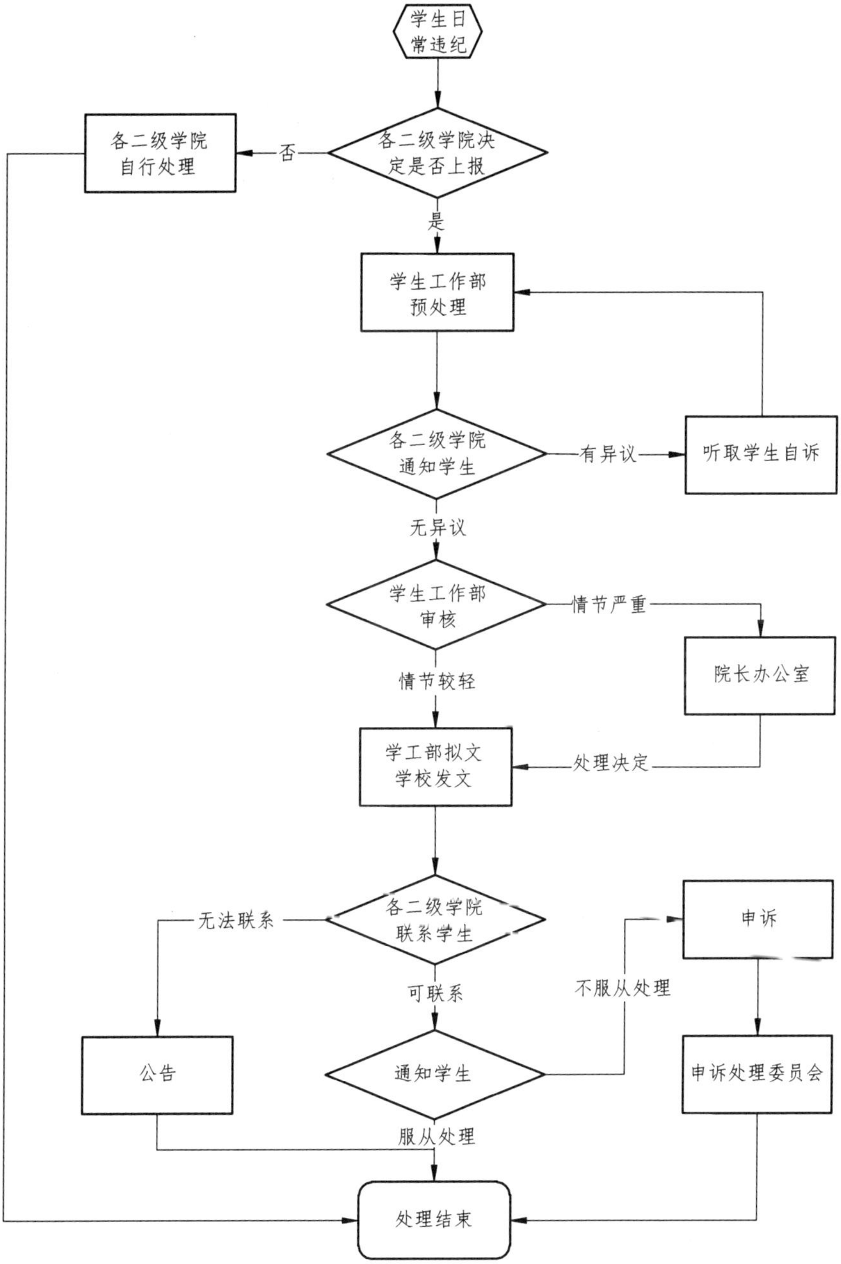

九、学生考试违纪处理流程图

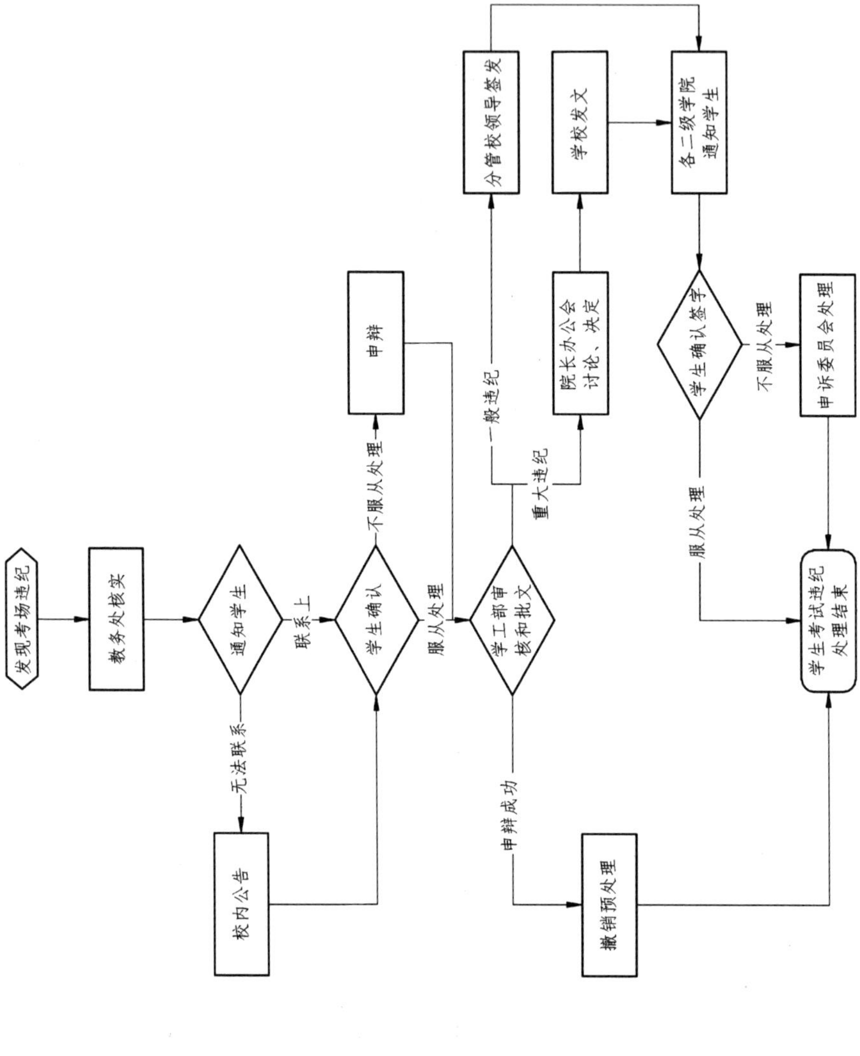

十、学生违纪处分申诉流程图

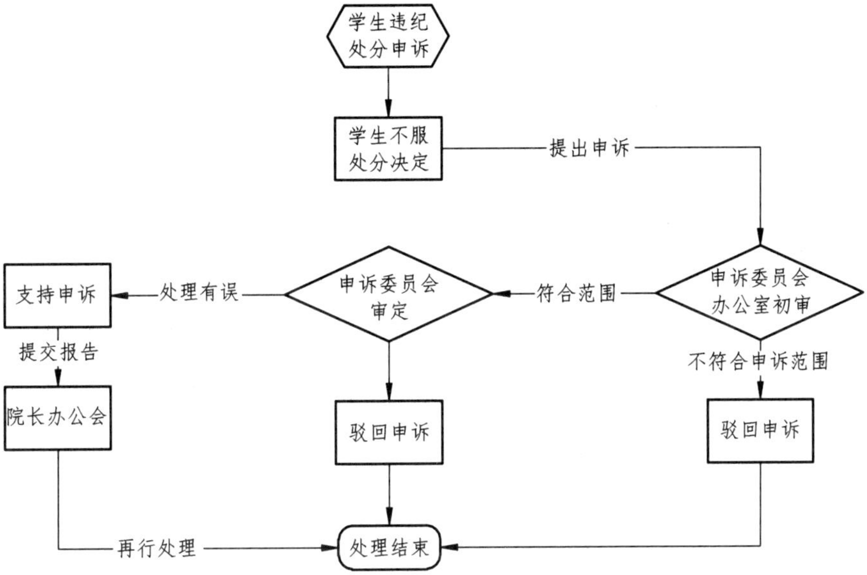

十一、新生报到流程图

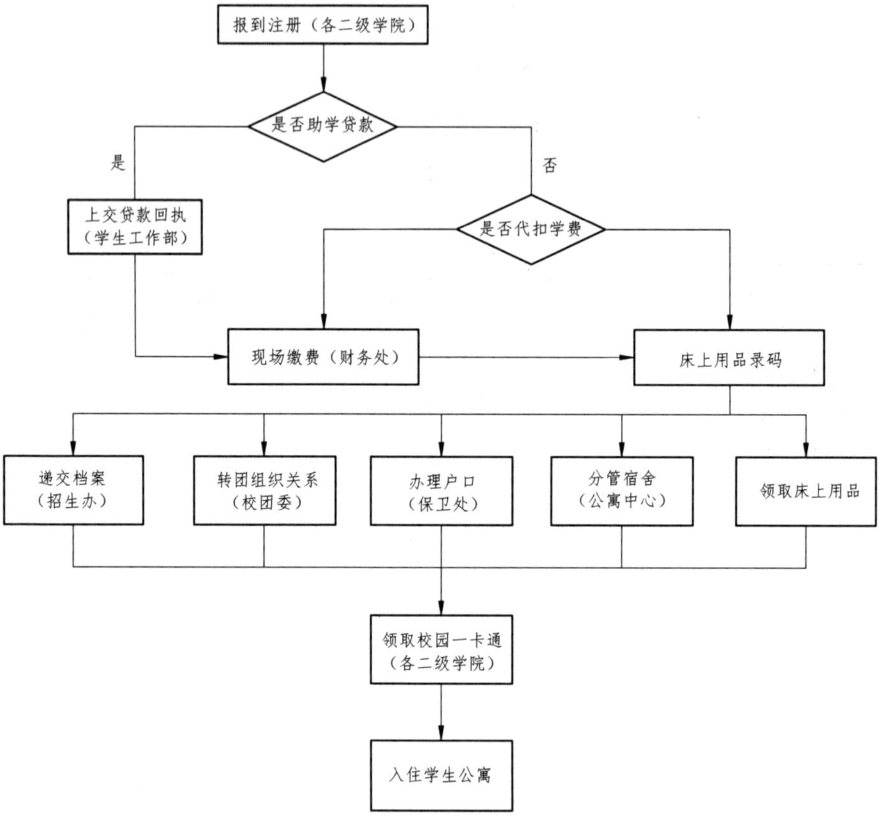
报到注册（各二级学院）
是否助学贷款
是
否
上交贷款回执（学生工作部）
是否代扣学费
现场缴费（财务处）
床上用品录码
递交档案（招生办）
转团组织关系（校团委）
办理户口（保卫处）
分管宿舍（公寓中心）
领取床上用品
领取校园一卡通（各二级学院）
入住学生公寓

十二、学生医保报销流程图

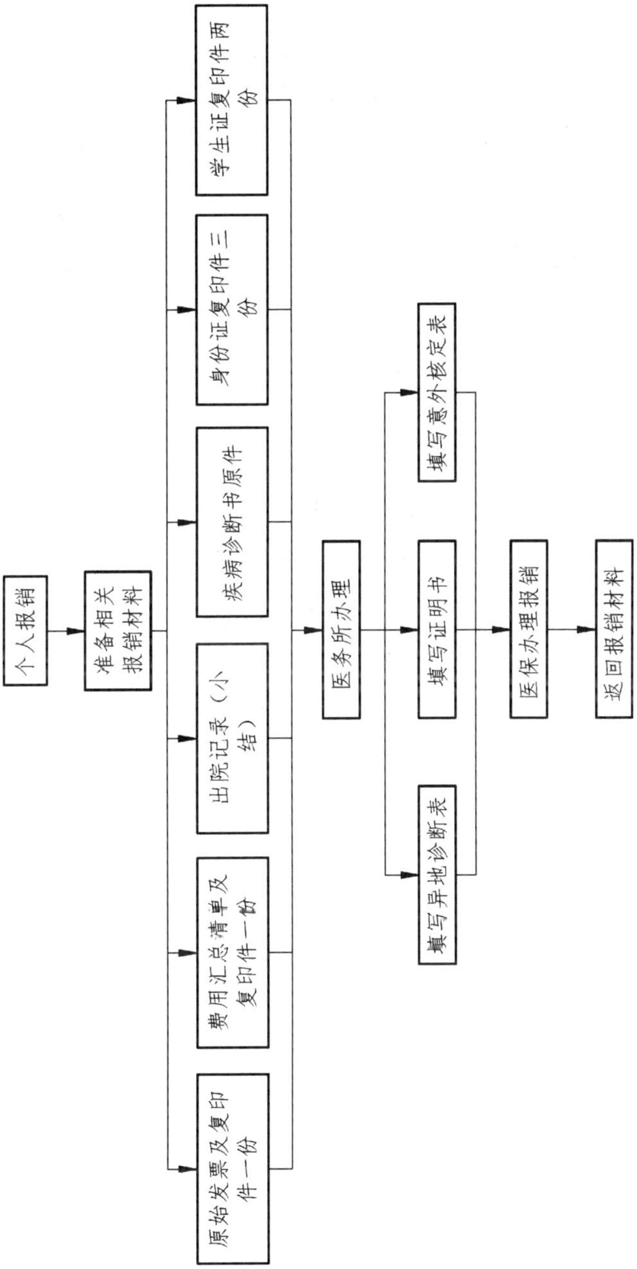

十三、学生活动审批流程图

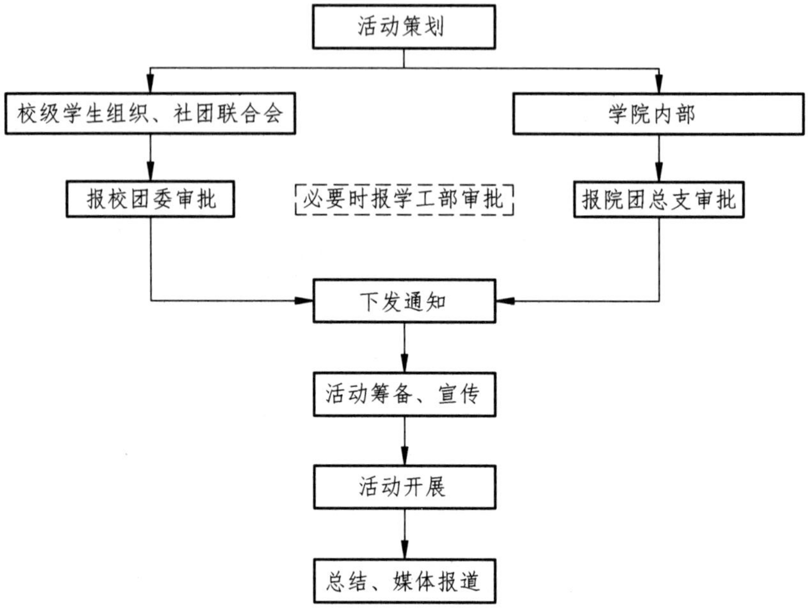

十四、后勤办事大厅服务流程图

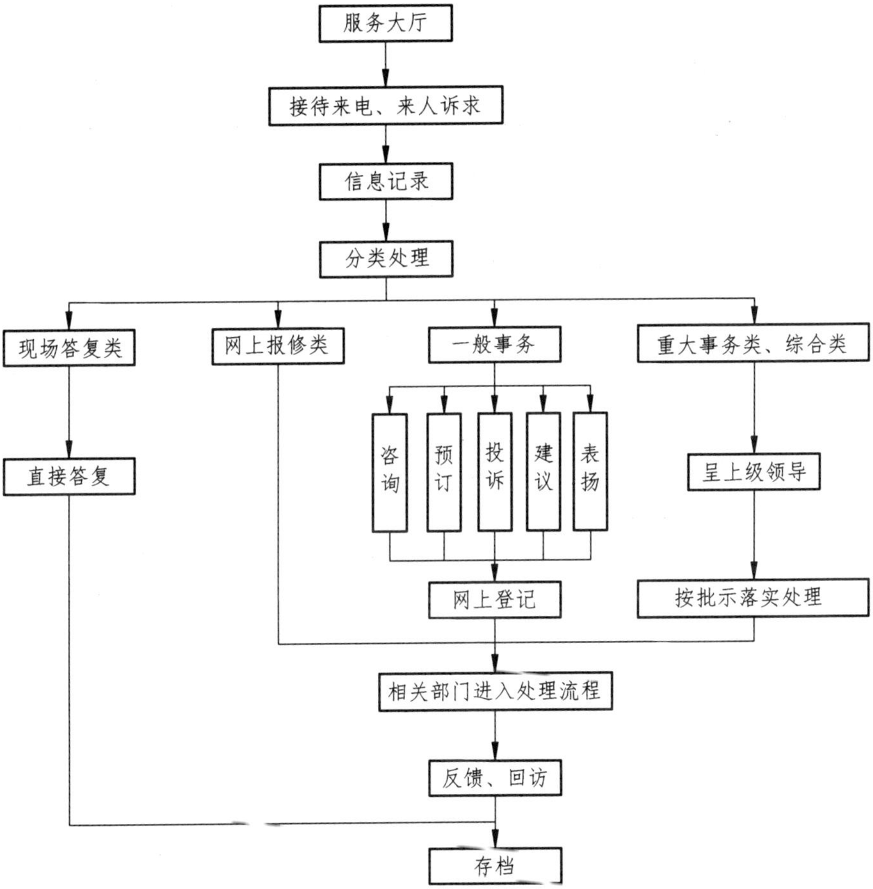

十五、学生就业系统信息录入流程图

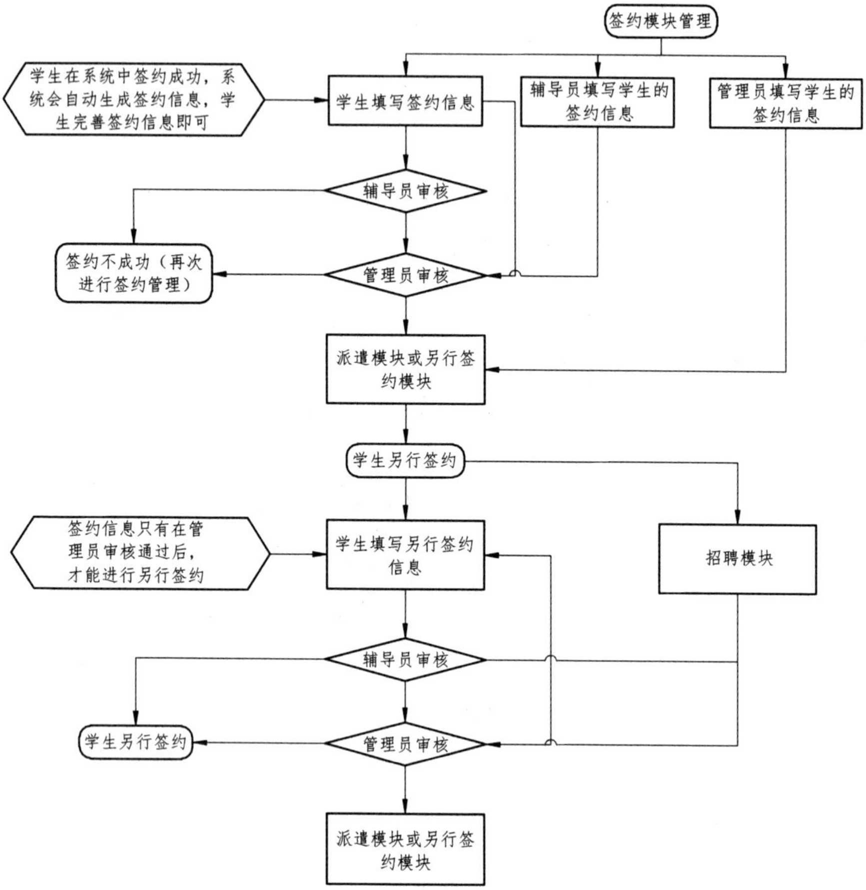

十六、各类优秀学生评比流程图

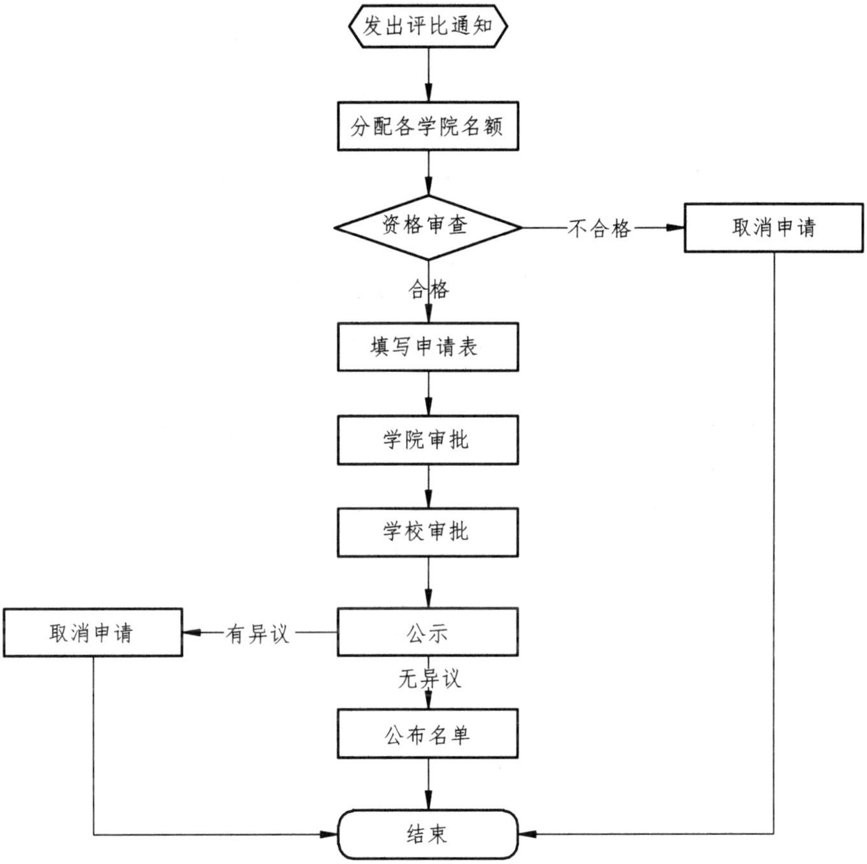

十七、高职院校“发明杯”大学生创新创业大赛流程图

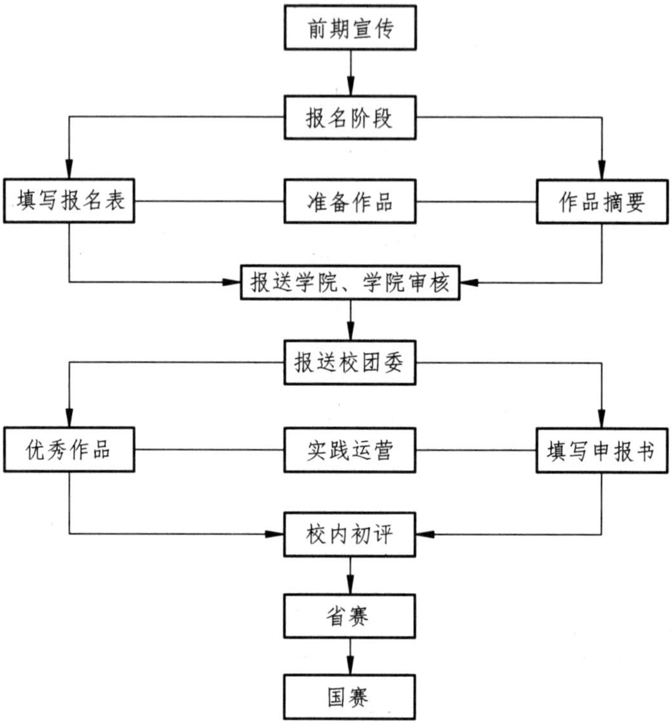

参考文献

[1] 王秀彦，高春娣. 高校学生事务管理概论[M]. 北京：高等教育出版社，2009.

[2] 陈玉华，罗琳，张霓. 国内外高校学生事务服务的比较研究与启示[J]. 成都航空职业技术学院学报，2014（4）.

[3] 马廷奇. 大学转型：以制度建设为中心[M]. 北京：社会科学文献出版社，2007.

[4] 斯蒂芬·P. 罗宾斯，玛丽·库尔特. 管理学[M]. 北京：中国人民大学出版社，2012.

[5] 于娜. 学生事务工作“进化论”——专访美国波士顿大学教授乔尔·H. 斯科特[J]. 麦可思研究，2014（4）.

[6] 王林清，马彦周，张建和. 高校学生事务管理规范与服务标准[M]. 北京：中国文史出版社，2014.

[7] 叶茹蕙. 中外高校学生事务管理模式比较研究[D]. 上海：华东政法大学，2012.

[8] 韦勇，郭俊. 中美高校学生事务管理比较分析及启示[J]. 海南大学学报：人文社会科学版，2011（3）.

[9] 陈玉华，曹鼎，张霓. 创新高职院校学生事务服务整体机制的研究与探索[J]. 成都航空职业技术学院学报，2016（2）.

[10] 刘颖. 我国高校学生事务服务机构实践与探索[J]. 教育与职业，2013（20）.

[11] 李北群，乐清，徐中兵. 美国高校学生事务管理的经验与启示[J].

黑龙江高教研究，2014（1）.

[12] 克里斯汀·仁，李康. 学生发展理论在学生事务管理中的应用——美国学生发展理论简介. 高等教育研究[J]，2008（3）.

[13] 中共中央，国务院. 关于进一步加强和改进大学生思想政治教育的意见[Z]. 中发〔2004〕16号，2004-8-6.

[14] 陈玉华，张霓，陈雅真. 我国高校学生事务内涵解析与工作模式研究[J]. 学校党建与思想教育，2016（5）.

[15] 衷敬华，郭青山. 高校学生事务“一站式”服务管理模式的探索与实践[J]. 老区建设，2018（22）.

[16] 陈春莲. 基于认知理论的新时期高校学生事务管理模式研究[D]. 武汉：武汉大学，2013.

[17] 刘行. 高校服务型学生工作模式的构建研究[D]. 湘潭：湘潭大学，2010.

[18] 解静. 浅谈当代大学生如何进行职业能力的培养[J]. 科技资讯，2017（20）.

[19] 中共中央，国务院. 关于加强和改进新形势下高校思想政治工作的意见[Z]. 中发〔2016〕31号，2017-2-27.

[20] 钱梦旦. 英国高校学生事务工作的特点及启示[J]. 课程教育研究，2018（40）.

[21] 陈玉华. 启航——成都航空职业技术学院大学生学习生活指南[M]. 成都：电子科技大学出版社，2019.